青鸟新知

自然而然

曾 孝 濂 自 传

江苏凤凰科学技术出版社·南京　　曾孝濂 —— 著

封面"自然而然"书法作品　　曾孝濂书

各章名书法作品　　曾孝濂书

本书中的绘画作品，除署名绘图者外，皆为曾孝濂绘制

正文前第3页　　青年时期的曾孝濂

正文前第4—7页　　本书手稿节选

正文前第8—9页　　未完成稿《蕨》（钢笔画，2016年）

正文前第10—11页　　植物速写（20世纪70年代）

正文前第12页　　耄耋之年的曾孝濂（中国新闻社记者刘冉阳摄）

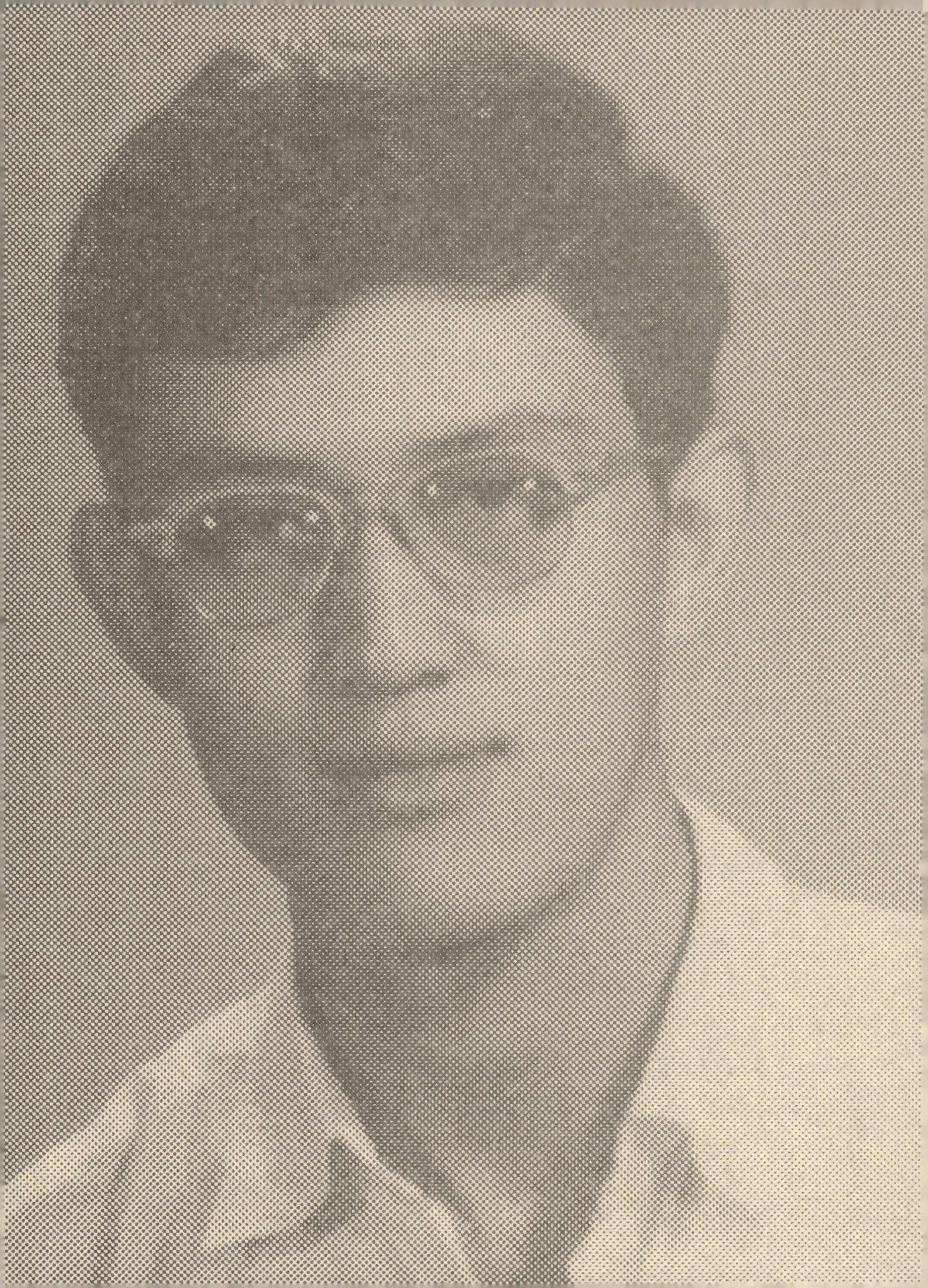

1939年6月2日，我出生于云南昆明，祖籍云南咸信。先祖祖父曾留学日本光绪三十二年只身一人负笈昆明，投考就学"云南中等农业学校"。在读期间，受推翻帝制、建立共和世界思想影响，参与学潮，上街游行，宣传革命，殴打校长，遭当局通缉。在同学帮助下，连夜翻墙而逃，回咸信老家，家中老幼无不惊恐。为防止追捕，绕道四川宜宾直抵上海，得驻沪留日学生办事处许可，由沪转日亡命留日。1909年考入日本秋田矿业学校。在日不久，有幸结识黄兴、宋教仁等革命先辈，得以加入了"同盟会"。1911年辛亥革命成功，孙中山先生就任中华民国临时大总统，推翻了满清专制，建立民主共和国家。可是清王朝专制余孽并未清除，辛亥革命的果实被袁世凯窃取，孙中山复返日本，制定反袁计划，拟派一批同盟会员回国，祖父受命回上海。 宋教仁亲笔书赠对联："共缚苍龙除国贼，同驱猛虎庆余生。"董面受机宜，以考察业为掩护，从事倒袁活动。1913至1916年祖父任职于湖北调矿公司经理，1917年奉云南唐继尧电召回滇协助政务，受聘云南省政府咨议，实业厅顾问。1921年任云南工业学校校长。1923年任个旧锡务公司协理代经理直至1942年公司改制后由中央政府资源委员会接收。离开公司以后，他已年逾花甲，除了为老家做些公益以外，回家读书、种花、品茶，安享晚年。祖父置办的家业，在昆明母亲河田畔西岸的巡津街工兴中。北面比邻甘美医院，南面是法国驻昆领事馆接待处。我家门面不大，两扇厚重的木门仅能通过一辆旧式轿车。门头上有一块匾额，镌刻着《豹园》两字。入得门来，一条狭长的林荫小道直通内院。内院倒颇为宽阔，两座二层楼房中间连着一长排平房。外面的楼房是中式砖木结构，下层是客厅、饭厅、厨房，上层是木走廊和多间住屋。里边的长排平房是祖父的藏书屋。书屋中间凸出一间三面有大玻璃窗的书房是祖父读书、写字、会客的

以盘腿以麻阳的梦 高强度劳动实践。挑担子一点都不在话下，闷烧闷烧一天写来回多趟。劳动锻炼结束，我也被分配到植物室参加野外样品采集，回到室内成分抽提。在刘老师的指导下进行

有一次考查：由课题组派了四个年青人去阿子营采集云南樟样品。野生樟树高大挺拔，分枝稀展，要爬到分枝上部才能够得到带叶的枝条，我从小爱爬树，自告奋勇上树。没想到采摘带叶枝条成了我一个人的任务，将其折断取下。其他三人只管在树下收集。爬到第五株树，已经精疲力尽，手脚发抖，想到"守以恒等"的古训，我还是坚持下来了。由于体力不支最后一株树有点冒险。那时条件不好，没有汽车，领了四匹马驮回所里。阿子营到植物所有30公里左右，我们四人跟着马帮一直到夜里十点多钟。分配到植化室的中学生后来都读了云南大学函授班，我没有赶上。工作了不到两个月就调整到分类室了。原因是《中国植物志》的编研工作已经启动，包括科研和技术系统的人员配备已经紧锣密鼓的进行。与我一同进入新设绘图组的一共有五个人，我是因为抄写装饰黑板报被发现有绘画基础从植化室抽调的。凌萌毅、谢良栋、王立东、李锡畴和我。

进入分类室是我真正的归宿。宜两位老师将调去告诉我把你调来就是为了画中国植物志的插图。要尽快学习植物分类学知识和绘图规范。"当我明白植物志是国家重要项目科研项目 虽居我觉得我要四十年才能完成，正在全国范围内协调组织力量。要有条件的人才能参加时，我觉得我这一辈子值了。下决心一定不辱使命。高中时被搁置了三年的绘画欲望一下子迸发出来，迫不急待的我宜老师让我看最好的植物志插图。宜老师把我们五个带到图书馆，非常幸运，植物所图书馆藏有欧洲经典的植物学原版书，英文、古文、俄文的都有，插图大部是黑白的。基本上都是古典铜版画风格。由精细而富变化的平行线条，精准体现植物形态特征和明暗关系，难度极大。还有一套1787年创刊的英国植物学杂志《Curtis Botanical Magazine》羊皮精装封面，典雅古朴，摆满了好几面个大书架。这一历史悠久的

所[画?]书版[要?]的欧洲经典植物画仍然有不小差距，客观的说目60。

自开始画后新科插图以来，我们昆川所的绘图团队学习传统[画图?]的目标和方法基本上是正确的，已经基本上路了。而我们缺乏自信，以为还有更好更快的学习途径。我们在实践过程中时陵[向何方川去，从课堂学起][这研究来世]不以后，看到老太奇们虽然在实践经验和熟练程度值得学习，但是差别不大，仍然属于同一个层级。我心中有更高的目标，我确认临摹经典师法自然是通向自由王国的必由之路。过去学习功陵不够，要急起直追。[碰上不太方便][注][这一段青年有闹实地？]所以当即毕毕心议我提前图书，我第二天就[要在线条的应用]立即行动了。我写[画水彩习作是没有老师拟定学习计划的前提下，既练习了色彩颜料材料使用法又对该植物的透视、变化认真观察无可厚非][一笔两用][也]完成从观察理解到实践应用的过渡。我立即找图书馆负责人施培基商量，能否允许我晚上进入图书馆。经过多次央求和安全方面的保证，他终于网开一面，给我一把钥匙，历后约一年多的时间，我概每周也有四五天晚上是在图书馆渡过。为了不惊动别人，只能开一盏壁灯，熄点火灯晚十一点前关门走人。这一段时间[图书用后，归还原处]

是我打基础的重要所在。我用已经感悟到植物画的事业是要坐冷板凳的，要静得下心来，耐得住寂寞。上有师长，下有同伴，要融入集体，必要的交往很重要。但是人生在世的终是孤身而来孤身而去[嘛]。一生中真正有效的进取都是在独处的时候在融入江湖传承[的基础上通]过反复实践而获得的。古人曰"非淡泊无以明志，非宁静无以致远"。我理解宁静就是孤独。孤独是人生的常态。人生而孤单，孤独时思绪最清晰，寂静中效率最高，认知在孤独中积淀，技法在孤独中革新，观念在孤独中升华。我喜欢孤独是中学时代形成的，那时已尝到了甜头。工作了几年，并非是当年的不得已，而是自觉的选择。诚然，作为社会的人必然不能脱离开高群体，团队活动和大众集会[也是]不可或缺的。融入其间有归属感和责任感，也会带来欢乐。然而不能过分依赖和贪图热闹，热闹过头，难免浮躁。叔本华戏言之有理，他说："只有当一个人独处的时候，他才可以完全成为他自己。"人生修为的一大难题就是"闹中取静"，做到了，就能把有限的时光最大限度用在你想做的事情上。那段时间，我要全神贯注

大众喜闻乐见的艺术形式，这是时代赋予以新老博物画家的共同使命。只有时代的提历史的，~~只有通过把有什么等等~~。聆听时代的声音，回应时代的呼唤。只要我们脚踏实地的做出一点成绩。~~回~~在传承的基础上有一点创新。在当今信息时代会快速公诸于众。远程传播与交流。不由自主的是继"朗读者"之后，又接受了几家媒体的活动。有的是任务，有的是画展前的采访，改变了我喜欢独处的习惯。稀里糊涂的成了爱凑热闹的老头。我知道让更多人了解博物画，通过博物画，呼唤起生态保护意识，是符合我们的初衷的。但是~~己~~不能多次重复。我时时告诫自己，别把自己当回事，只能把自己的工作当回事。做好自己尚未完成的工作，才是不容缓的事。

金秋将过，寒风中落叶飘零。一丝凉意掠过心头。叶面上斑斑点点，多呀已经枯萎，都从暗绿变成暗红，在阳光下格外闪烁。它静静地躺在地上。终究失去光彩，而这被忽略何曾想过正是它这些不起眼的叶休，承载着世间万物不可替代的使命。它们的叶绿体吸收太阳能，把二氧化碳和水合成有机物，同时释放氧气，亘古以来供养了地球上所有的生命，包括我们人类。然而它们又是那样的~~诚恳~~和谦卑。春天从芽苞里萌发，一点一点的伸展开来，无声无息的劳作，直到精疲力尽，飘落而下，化做土壤中的无机物，为来年的新芽提供养份。它们不邀功，不争宠，一代一代轮回。不知不觉小苗已经长成大树。它们是世间最司空见惯的平凡物，却蕴含着生命的真谛。当我们随手拾起一片枯叶，细细端详，你会发现它很美，是火山烂之极，归于平淡之美，是阳光雨露，寒暑更替之后的淡定从容。但愿人生能随秋叶，~~待到~~秋色静静地来，悄悄地去。待到秋色斑烂后，化做一缕清风。

曾孝濂 2023年初冬于昆明。

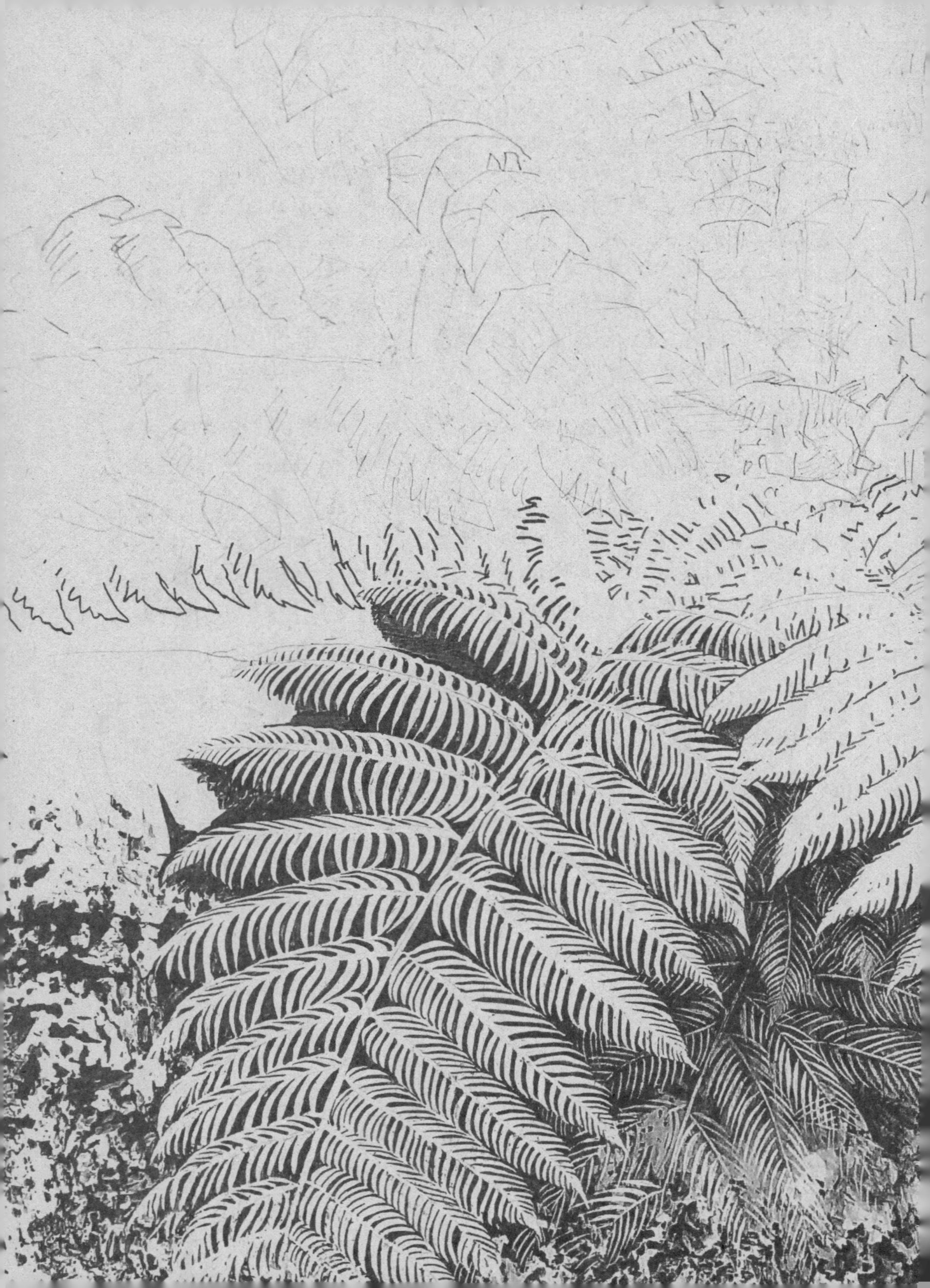

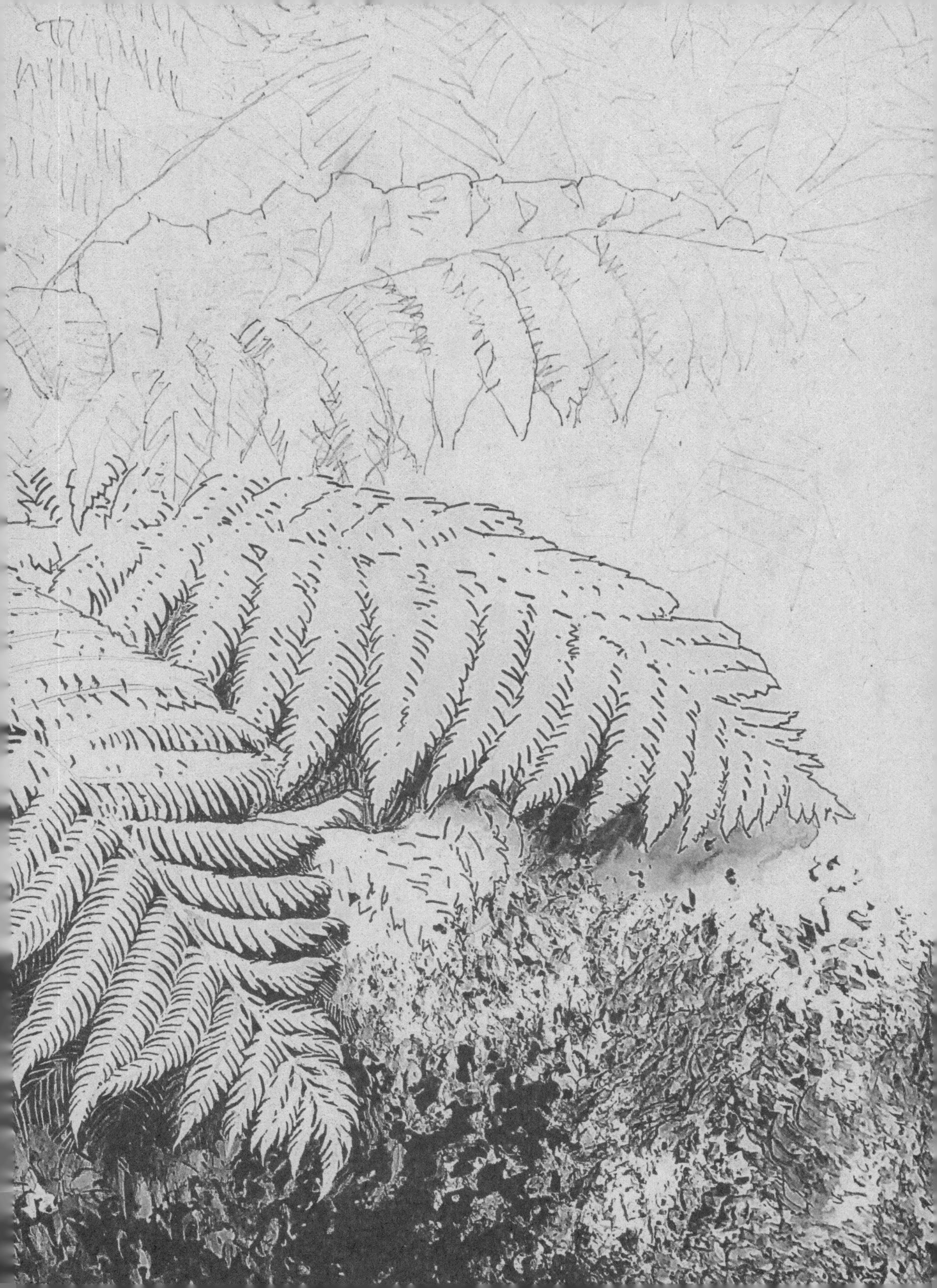

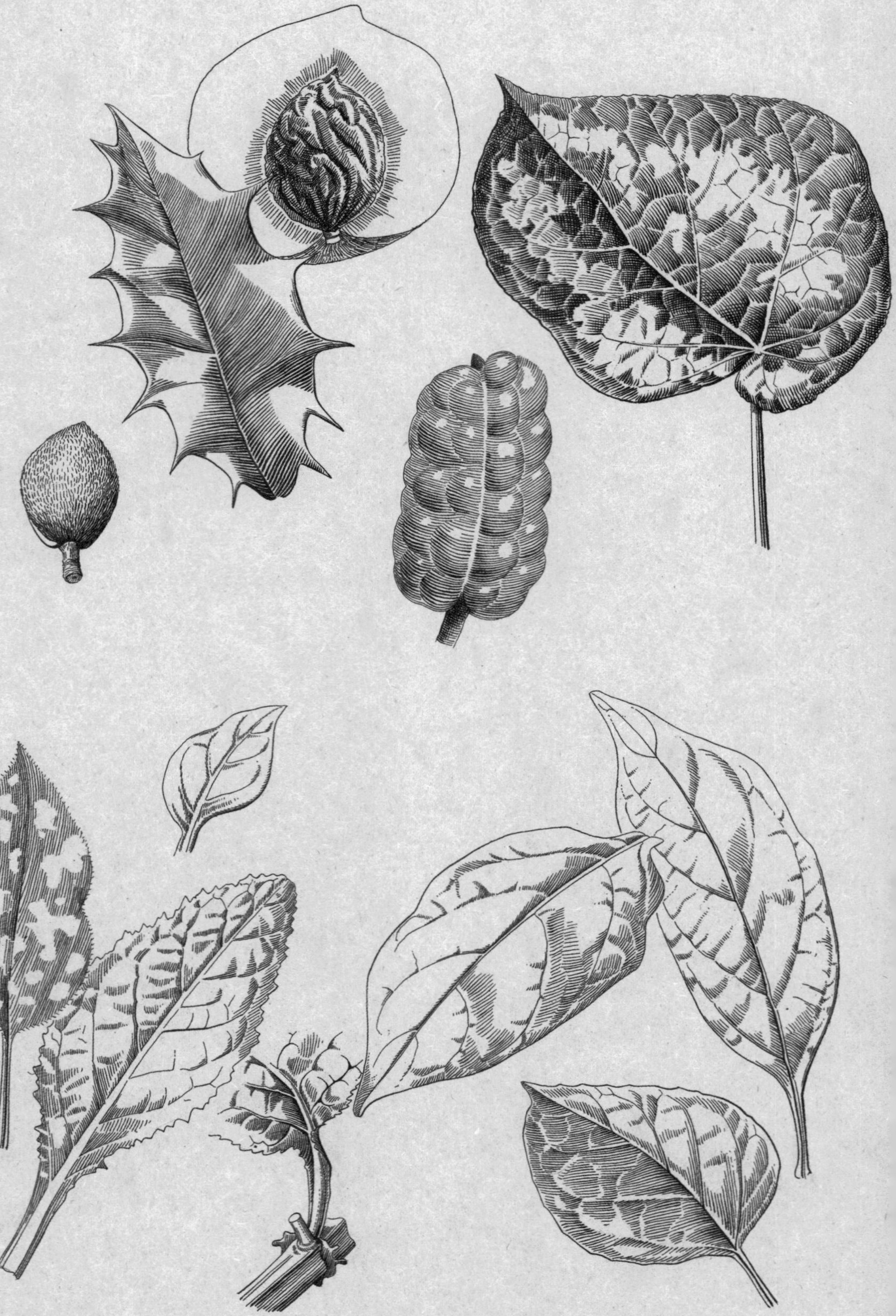

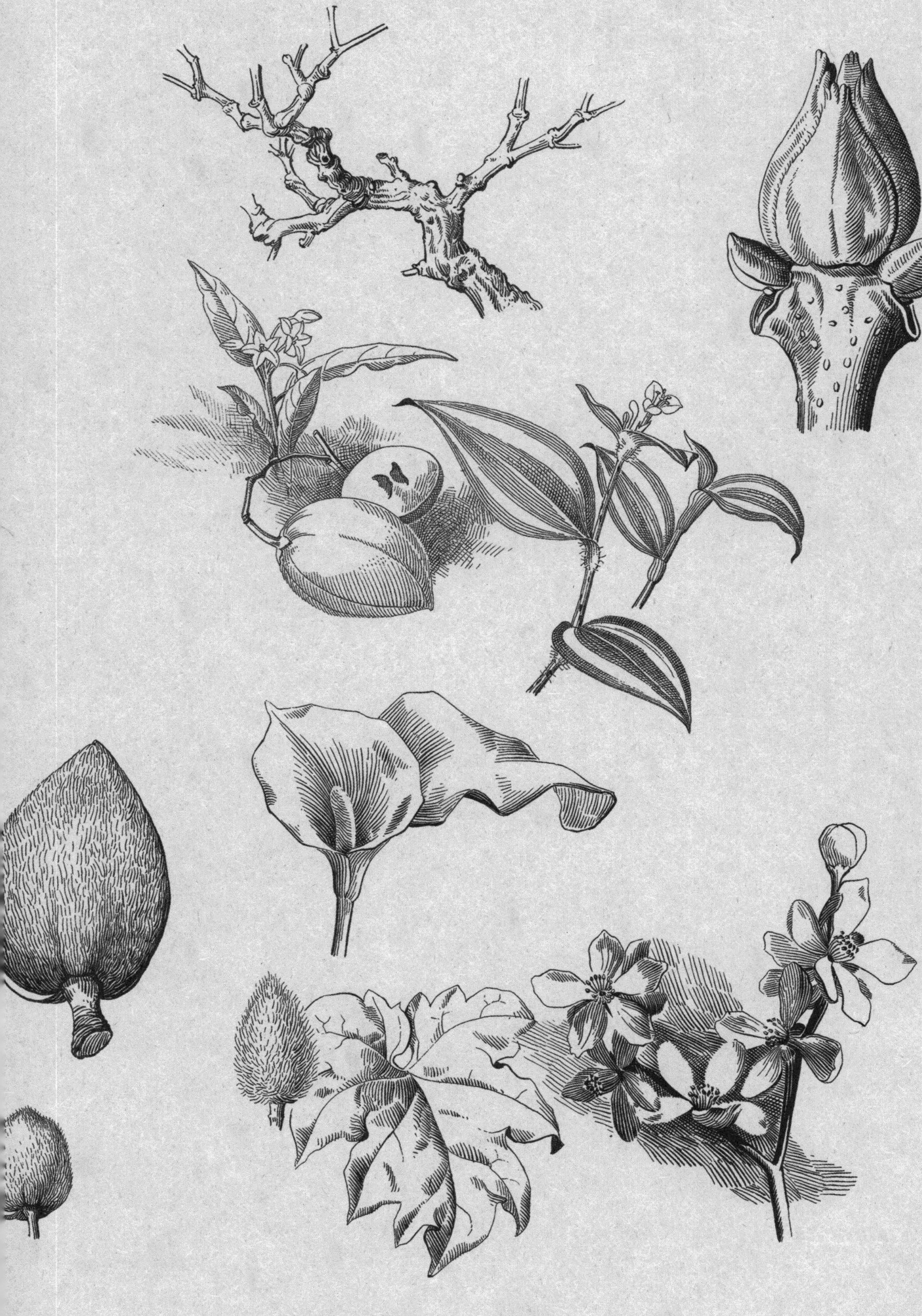

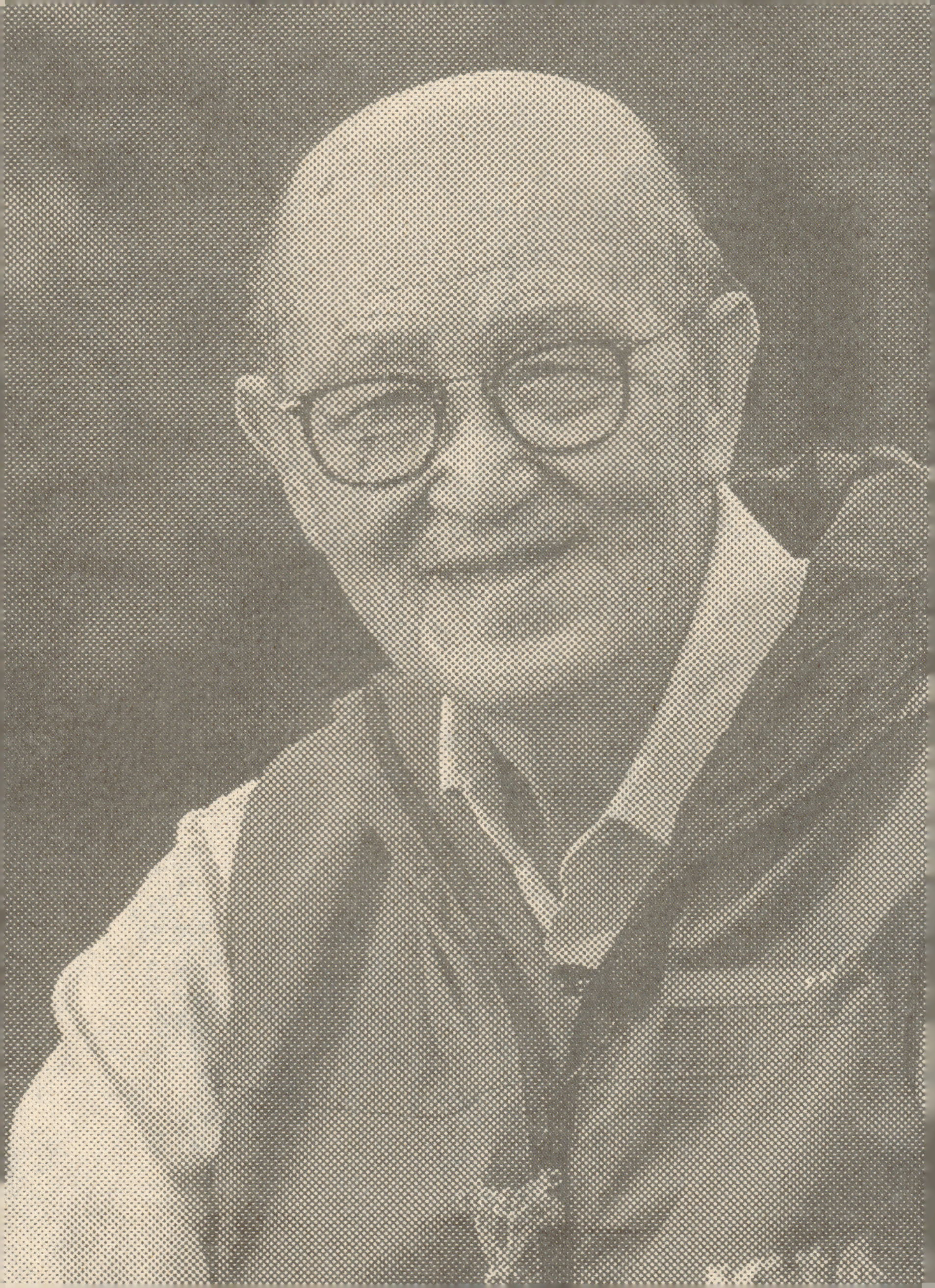

自序

我已进入垂暮之年，特别吝惜时间，舍不得把时间用在画画以外的事情上。本书不在我晚年的计划之内，是临时安排的。

2022年夏天，江苏凤凰科学技术出版社傅梅社长一行专程前来昆明，诚恳动议我写一本回忆录。我自忖自己不过是一个普通的小人物，不值得写一本书来记录平生，未敢应承。之后，该社编辑周远政和中国科学院昆明植物研究所我的年轻同事张全星两位老朋友，又共同多次和我商量此事，不懈动员。我一再说既无时间也无内容，磨叽了好长时间也不敢承诺。后来全星说："占不了多少时间，不用你动笔。周编辑留下一支录音笔，你和几个年轻人聊聊天就行了，由他们去整理。"架不住他们的执拗，恭敬不如从命，试试看吧。聊过多次以后，一沓厚厚的打字文稿交到我手上，就是根据录音整理的初稿。我带回家一看，我的信口开河，内容杂乱无章，许多地方表述得很不清楚，让任何人整理都很困难。年轻朋友没有经历过我们那个年代，也不知道我的心路历程，怎能推委于人。

在骑虎难下的窘境下，只有文责自负，自己动手。不写则已，一写又想打退堂鼓。记忆力衰退，文笔又笨拙。老伴儿帮着回忆，还要翻箱倒柜找材料，好不容易坚持下来，断断续续几个月的时间过去了。写来写去，不就是一个糟老头的陈年往事而已，有何看头？说归说，做归做，哪怕这本书无人问津，不做则已，做则尽力而为。白纸黑字是责任，是担当，要经得起读者和时间的检验。就当是用文字画一幅反映原初自然状态的博物画吧，不溢美，不隐恶，原原本本呈现出来。

人老了，本来就爱触景生情，怀念往事。蓦然回首，梳理思绪，感怀人生，或者也不无裨益。对养我教我的长辈、对相知相遇的友人，怎能忘怀？怎能不思念？对绿海天涯的一草一木，常觉似曾相识——或许，我曾为它们画过像。往事依稀，泪眼蒙眬，感慨不已。我本一凡人，一心只顾画画，竟也变得多愁善感起来。

人之平凡在于掉入沧海都是一粟，然而每一粟身上都有不为人知的故事。每个人从小到老，自觉不自觉都在写自己的故事，不怨天，不尤人，个人的路都是自己走出来的，把自己的脚印串起来就成了自己的故事。人生的旅程是一场没有终点的长跑，生命的终止并非目标的实现，只是长跑中断而已。对个人来说，过程重于结果。譬如《中国植物志》，是数百人参加、历时46年才编纂完成的巨著。每位参与者不遗余力地奉献自己的心智和年华，各司其职，也只能完成其中的一小部分，这是几代人共同奋斗的结果。随着任务的完成，这一页就翻过去了，新的任务接踵而来。跑过一程又一程，达到一个目标，前面还有新的目标。但是那些难忘的记忆，却永远地留在我的脑海中，时隐时现。人生的意义在于过程，过程积淀知识、磨炼意志、练就本领，一点一滴积累生命的价值。

在职期间，目标是任务，是职责。退休以后，目标是自己选定的，是未了的心愿，是过把瘾。不过也未必，老了也碰上不少应尽的职责，算是一种荣幸。在实现目标的过程中，总期待把工作做得更完美，然而现实总是与期待有距离。任何人的努力都是阶段性的，不可能达到极致和完美，人生没有尽善尽美，只能争取问心无愧。意犹未尽，才是最好的结局。任岁月凋零，任时光流转，我心依然，以敬畏之心做挚爱之事，知足知不足，有为有不为，一息尚存，折腾不止。了然于心，夫复何求。

  这本书里的碎笔絮语，面对生我养我的长辈以及引我上路的恩师，算是告慰在天之灵；面对我供职终身的单位，算是总结汇报；面对老朋友、老同事，算是唠嗑；面对年轻朋友，算是期望；面对儿孙，算是叙谱；面对自己，算是自省。回首看看走过的路，有苦有甜，有艰辛有快乐。借一句华罗庚先生的话：树老怕空，人老怕松，戒空戒松，从严以终。

2024 年 5 月

目录

- *001* 第一章 童年
- *025* 第二章 机缘
- *067* 第三章 动乱年代
- *109* 第四章 奋楫笃行
- *157* 第五章 退而不休
- *191* 第六章 博物画与邮票设计
- *219* 第七章 博物画的春天
- *259* 第八章 理念与方法
- *321* 第九章 草木知秋
- *355* 曾孝濂年表
- *369* 致谢

第一章 童年

童年

祖父最讨厌两件事：一是好逸恶劳，偷奸耍滑；二是说谎话，言而无信。他常用一些拗口难懂的古语教育我们，并且要我们牢记不忘，比如"朝夕恪勤，守以惇笃"。通过他的解读，我理解为每个人从小到大都要刻苦勤奋，敦实忠厚地为人处事。

1939年6月2日，我出生于云南昆明。祖父曾鲁光（1882—1952）[1]，云南威信人。1906年，他只身一人负笈昆明，投考就学于云南蚕桑学堂（1907年更名为省会中等农业学堂）。在读期间，成绩优异，但因宣传民主共和等进步思想，毕业考试成绩疑遭校方打压，引发众怒。在与校方对质时，祖父遭校长掌掴，反抗之间将校长带倒在地，被扣上"殴打校长"之嫌疑，遭当局通缉。在同学帮助下，连夜翻墙逃回威信老家，家中老幼，无不惊恐。为躲避追捕，又绕道四川宜宾，抵达上海，得驻沪留日学生办事处许可，在当地补习日语。后考入日本秋田矿业专门学校（现秋田大学）。不久加入同盟会，从而结识黄兴、宋教仁等革命先辈。1911年，辛亥革命成功，1912年，孙中山就任中华民国临时大总统。可是清王朝专制余孽并未清除，辛亥革命的果实被袁世凯窃取。孙中山先生复返日本，制订反袁计划，拟派一批同盟会会员潜回国内。1912年冬，已从秋田矿业专门学校毕业的祖父受命回沪，宋教仁亲笔书赠对联"共缚苍龙殄国贼，同驱猛虎庆余生"，并面授机宜：以考察矿业为掩护，从事倒袁活动。1913年秋，接任湖北铜矿公司经理，经五年锐意经营，公司年产值由数百万元增至千余万元。1917年，奉云南都督唐继尧电召，回滇协助政务，受聘云南省政府咨议、实业顾问，经两年多时间，遍查云南矿产并制订开发计划。1921年，任云南甲种工业学校校长。1923年，任个旧锡务公司协理、代经理，直至1942年改制，将公司厂矿、资金交由国民政府资源委员会接收后，回昆明居住。

---

[1] 本书曾鲁光生平事迹主要参考《曾鲁光先生事略》[《威信文史资料选辑》（第四辑），威信县政协文史资料办公室编，1987年12月]及《威信县志》（云南人民出版社，1999年12月出版）。——本书编辑注。本书注释除非特别说明，皆为本书编辑注。

其间著有《个旧锡务概况》。此外，祖父还担任过个旧铁路公司总经理、滇西企业局协理、省务委员。中华人民共和国成立后，祖父担任过中苏友好协会理事。

祖父当年离开云锡公司[1]时，已年逾花甲，除为老家做点公益以外，主要便是在家读书、种花、品茶，安享晚年。

每逢假期，祖父都规定我每天早饭以后要去他的书房写大楷。字帖是他朋友、书法家布震宇亲笔写的魏碑楷书，字体浑厚，外方内圆，落笔收笔都讲究回锋使转和提按。对我而言，这太难了，即使有祖父不时纠正示范，始终也学不好。稍有进步，祖父会赞许几句，让我不至于丧失信心。五弟长大一点后，也和我一同去练字。我坚持了几个假期，收效甚微，偶有一点点进步，不能持之以恒，也很快就忘得差不多了。唯一受益的是磨炼了心性，一坐就是个把小时，能静得下心来，专心致志于当下的事情。

祖父最讨厌两件事：一是好逸恶劳，偷奸耍滑；二是说谎话，言而无信。他常用一些拗口难懂的古语教育我们，并且要我们牢记不忘，比如"朝夕恪勤，守以惇笃"[2]。通过他的解读，我理解为每个人从小到大都要刻苦勤奋，敦实忠厚地为人处事。他说凡是有出息的人都是自幼苦出来的，"少壮不努力，老大徒伤悲"。祖父还给我们讲匡衡凿壁借光的故事："匡衡穷匡衡穷，匡衡人穷志不穷，从小读书用苦功，夜间不能备灯火，恰好邻居是富翁，灯火夜夜满堂红，求在壁角打个洞，从此持书夜夜读，到底学成万事通。"还有"头悬梁锥刺股""闻鸡起舞""司马光砸缸"这

---

[1] 个旧锡务公司自 1909 年 8 月正式成立，至 1940 年 9 月与成立不久的云南锡矿工程处以及云南炼锡公司合并为云南锡业公司，简称"云锡公司"。
[2] 语出《国语·祭公谏征犬戎》。

全家福，祖孙三代在冬日的豹园
由前至后，由左至右：曾孝濂、小弟、三妹、五弟、三哥、二哥、二姐、母亲、祖父抱着最小的妹妹、大哥、大姐、父亲

些故事，都是祖父讲给我们听的。

在我小学快毕业的时候，祖父不再像以前那样爱讲话，沉默寡言的时候居多。一天，我放学回来请安过后，他突然对我说："要考中学了，将来出门在外要有主见，自己觉得该做的事就努力去做去学，不要在乎别人的议论，人活着要走自己的路，不是做给别人看的。"我当时听不太懂，但是一直记着。随着年龄增长，这些话不时在提醒着我。

我的妈妈叫李岱娴，在我心目中她是最伟大的母亲，养育了 11 个孩子，除一个夭折以外，其余 10 个全部长大成人。上一个孩子和下一个孩子之间顶多间隔两岁，母亲是怀了生，生了又怀，经常挺着肚子还在厨房操劳。祖父有个怪癖，只吃我妈做

母亲与我们兄弟姐妹在豹园
由前至后，由左至右：曾孝濂、三妹、母亲、小弟、五弟、二姐、二哥、三哥、大哥、大姐

的饭菜，即便是怀孕和坐月子，她也要安排好祖父的一日三餐。

母亲出身书香门第。外公李卓元毕业于北京大学矿冶系[1]，先供职于云锡公司，后任民国云南省政府实业厅厅长。外婆胡碧莹毕业于北平女子师范大学（现北京师范大学）。她吃斋诵经，皈依佛门，膝下一男四女。舅舅李岱传毕业于东陆大学（现云南大学）土木工程系，是昆明知名的古建筑学家。大姨妈是西医，开私人诊所。母亲的大妹当过会计，小妹参加边纵[2]，新中国成立后在政府部门任职。只有我母亲嫁到曾家，辛劳一辈子。

母亲个性文静善良，穿着单调朴素，平日深居简出。我从未见过她抛头露面接待客人，唯过年过节时会带子女去外婆家拜望。在我的记忆中，母亲从不打骂我们，默默关心每一个人，含

[1] 时称北京大学工科分科大学矿冶门。
[2] 边纵，中国人民解放军滇桂黔边区纵队的简称。

辛茹苦地把 10 个孩子拉扯大，长年累月操持家务，没过到一天清闲的日子。幸好，她有一个年富力强的帮手小昭。小昭是从威信老家带来的，和我大姐年龄相仿，可能是远房亲戚家的孤儿。很多事可以放心交给小昭，她任劳任怨分担繁重的家务，直到新中国成立初期才返回老家。

我的父亲曾以恕，毕业于东陆大学。亦留学日本，学习数学。因我祖母骤然离世，他辍学回国奔丧。回国后先后任职于昆明中正中学、昆明南菁学校、国立女子师范学院［位于四川江津（现重庆市江津区）］。除教数学课以外，在南菁中学和国立女子师范学院还兼任总务主任。由于工作繁忙，虽有望子成龙之心，但一大家人的生计只靠祖父的家底难以维持，父亲还得以挣钱养家为主，与子女疏于交流。特别是到四川以后，他一年才回家几次，一家人难得一聚。只有寒暑假和过大年，一家人才热闹几天。那是全家人最开心的时候。

祖父置办的家业，位于昆明的母亲河——盘龙江[1]西岸的巡津街上，北面毗邻甘美医院[2]（巡津街 35 号），南面是法国驻昆领事馆接待处。我家门面不大，两扇厚重的木门朝向东面，打开也仅能容一辆旧式轿车通过，门头上有块匾额，镌刻"豹园"二字。入得门来，一条狭长的林荫小道直通内院。内院倒颇为宽阔，南北两座并排的楼房，中间靠西连着一长排平房，近似"E"字形。北面的两层楼房是中式砖木结构，下层是客厅、饭厅、厨房，上层是木走廊和多间住屋。"E"字竖画的长排平房是祖父的藏书屋，

---

[1] 盘龙江是流经昆明最大的一条河，又名滇池河。发源地在嵩明梁王山西麓白沙坡，最后流入滇池，全长 120 千米。
[2] 1912 年，由法国人租用昆明市巡津街 35 号开设的领事医院，由法国外交部和殖民部共同经营管理。1958 年，与昆明市人民医院合并，后改名为昆明市第一人民医院。

中部凸出一间是三面玻璃窗的书房,是祖父读书、写字、会客的地方。南面是一幢三层小洋楼,除有一间小客厅外,全部房间都住人。再往南有一矮墙相隔,又是一院简朴的小平房,为老家来人或临时帮忙的工匠所住。小平房已不是巡津街地界,朝南开有小门,门牌号是盘龙路16号。

我们家人丁兴旺,祖母去世早,我没见过,我父亲是家中的独子。我们兄弟姐妹共10个,6个男孩,4个女孩,我排行第六,上有2个姐姐、3个哥哥,下有2个弟弟、2个妹妹。三代同堂,家道中兴。

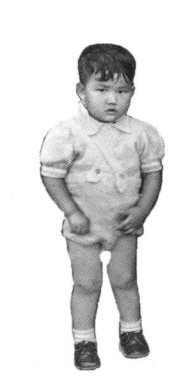

人生之初的模样

这样的家境虽说不上阔绰,也算殷实。偌大个豹园,住房可谓经济实用,庭院却十分讲究,无疑是祖父多年精心营造的结果。一丛高大挺拔的龙竹,粗若水桶,顶天立地,气势如虹。下有紫竹一片,婀娜多姿,苍翠欲滴。大叶子的是山玉兰和梧桐树,枝繁叶茂,亭亭如盖。山茶、杜鹃、寒梅、秋菊,还有桂花、缅桂,争奇斗艳,清香四溢。更有诱人的枇杷、李子和宝珠梨。我的童年在这样一个春华秋实满庭芳的环境中度过,那时在我心目中,豹园就是绿色天堂。

我七岁上小学。学校离家不远,沿巡津街往南步行1公里多一点就到了。接近巡津街末端是一个高大的黄色院墙,这里是铁路医院,院墙很长,约200米,把盘龙江隔开了。医院的门诊住院楼大门就在巡津街底,再往前行,穿过一片树林草地,盘龙江再现,已接近双龙桥。学校大门就在草地西面,名叫恩光小学,是一所基督教教会学校。同学中有一部分住校生,名曰"基督生",据说都是孤儿,由学校监护。基督生生活条件优越,冬天都穿同一式样的皮夹克，内里是羊羔毛，令人羡慕。

  我从一年级到六年级每天步行上学，往返也不过 2 公里左右。弟弟妹妹陆续长大，也在这里就读，每天一同前往学校。这所学校有着较浓的宗教氛围，在文化课之外，还会灌输一些基督教教义。每周日，全校师生要去金碧路锡安圣堂做礼拜。每逢复活节、万圣节、感恩节、圣诞节等，学校都不上课，搞完活动就放假了。体育课内容也不同于其他学校，高年级要学习拳击、垒球，不时还有比赛。不过我们毕竟是小学生，学校这些宗教活动都不是强制性的，并不列入考核。新中国成立后，学校全部改用统一教材，过去的校长和神父都不见了。

  我的童年正处于战乱的时代，全国大多数地方都在日本侵略者的蹂躏之下，生灵涂炭，民不聊生。昆明市区也屡遭日军飞机轰炸，防空警报声不绝于耳，恐怖而凄凉。抗战胜利以后，昆明爆发了"反内战、争民主"的"一二·一"运动，随后又有李

兄弟姐妹在豹园合影
右二为曾孝濂

公朴、闻一多先生的遇刺惨案。不过，昆明毕竟是大后方，相对而言，还算平静。民众在艰难中求生，学校也没有停摆。

  一个不懂事的少年，他的世界就限于每天往返于豹园和学校之间。稍长大一些，就开始顽皮了。每个男生都有一把弹弓，一般用来打鸟，放学时各年级的同学会汇聚在回家的路上，还经常和对岸的学生打弹弓战。盘龙江两岸都有一米多高的垛口墙。干季，巡津街段水宽只有30米左右。两墙相隔有40余米，一旦有一方先发起攻击，大家立即躲在墙后，随手捡石子，闪身从较矮的垛口向对方发射。双方无冤无仇，纯粹是争强好胜、胡闹好玩而已。参战的男生一般不会受伤，往往是安分的女生或其他过路人受害。一旦有人受伤大家就不敢再打了，各自溜走。现在想想，这是恶作剧。

  回到豹园，我通常不会直接把书包送回房间，而是先找一找树上有没有好吃好玩的。如果枇杷或是李子熟了，会把书包挂在树枝上，爬上去吃个够。不是吃果子的季节，就去找鸟窝，掏小鸟回家喂养。缅桂花开了，馨香四溢，爬上去采摘一些含苞待放的放在衣兜里，带回屋与家人共享。玩累了才把书包放回书房，到就近的水龙头下把手洗干净，拍拍拍拍身上的泥土。接下来的第一件事是到祖父书房请安，然后便是到厨房向母亲报到。傍晚，一大家人围坐在饭厅的大圆桌旁，吃我妈亲手做的饭菜。

  总体上我是属于乖的那一类，从来没有挨打受罚。不过也有忘乎所以、鲜为人知的一面，譬如与江对面的顽童打弹弓战，在校偶尔和同学打架，还曾经故意横穿马路、与吉普车赛跑，这种险些丧命出格之事就瞒着大人，也不准弟弟妹妹多嘴。放学回家，一跨进豹园的大门，就无拘无束了，爬树上房，打鸟掏蛋，捕虫捉蝶，肆意妄为。祖父和母亲各有所忙，压根儿见不着。运气不好时，碰上偶然回家的父亲或住校的哥哥姐姐，会受到几句呵斥，但所犯并非大错，我只是暂停而已。

1945年，随着日本无条件投降，昆明这座西南重镇见证了美国大兵的大量涌入。他们头戴标志性船形帽，驾驶着威猛的吉普车，引擎轰鸣声回荡在城市的街头巷尾。他们倒是也没做什么坏事，就是频繁活跃在巡津街去参加铁路医院举办的舞会。中国抗日战争胜利的喜悦弥漫在昆明的大街小巷，市面上充斥着各类抗战剩余物资，尤其是琳琅满目的美国货。在如今的南强街一带，以及昔日大光明电影院、南屏电影院周边，临时搭建的摊贩市场熙熙攘攘，售卖着美国大兵剩余的各式奶酪、罐头、口香糖等食品。

记得有一次，我在巡津街上被美军的吉普车撞了。现在回想起来，事故责任并不在那些美国大兵，是我自己顽皮。当时，我和弟妹同行，我一心想要尽快穿越马路，考虑到弟妹年幼，我冲在前头，打算先跑到靠近河岸的一侧。然而，人终究跑不过疾驰的车辆，尽管对方紧急刹车，我还是被撞到了头部，瞬间疼痛难忍。幸亏对方刹车及时，否则后果不堪设想。肇事的美国大兵迅速下车，用一口我难以理解的英语连声道歉，随后递过来几片口香糖作为安抚，将我扶至路边，然后才驾车离去。我强忍疼痛，叮嘱弟妹回家不准告状。虽然伤势不严重，但可能是轻微脑震荡，让我头晕了好几天。

我喜欢花木虫鸟，不用人教，天性使然。有一次，我在屋檐发现一窝小麻雀，有五六只刚出壳不久的幼雏，我带走两只，给老雀留几只。用纸盒加些碎布棉花做了一个窝。小麻雀非常可爱，肉红色的皮肤还没有长毛，眼睛都没睁开，稍微一碰纸盒它们就会张开有黄色嘴壳的大嘴要吃的。我听小昭的话，用竹签挑起饭粒和碎菜叶喂它们，还去园子里找些小虫子掺和着喂。绿色的小青虫小麻雀特别爱吃，个体大的虫要切碎了喂，一天要喂好几次。还好恰逢假期，我经常惦记着要给小麻雀喂食。几天以后突然发现它们的眼睛睁开了，羽毛也陆续长出来，我高兴得不得了，弟弟妹妹也帮着找小虫。又过了个把星期，小麻雀的毛长满了，会站立在纸盒边上叽叽喳喳要吃的，甚至会弹跳出窝追着我跑。我离家时不得不把它们逮回窝里，加一个透气的筛子，以防它们跑失。快开学前，小麻雀居然会飞了。开始有点跌跌撞撞，不多久就来去自如了，飞累了会停在我的肩膀和手指上。更令人惊叹的是，有一次，它们飞出室外兜一圈还会自己飞回来，已经把这里当作家了，我就是它们的亲人。那是我和弟弟妹妹最兴奋的一天。在此后的一段时间里，我放学回来惦记的第一件事就是喂麻雀，它们虽然会飞，但还不会自己找食，窝边小盘子里泡过水的米粒显然营养不够，要去找虫子来喂它们。虫子不一定好找，但忙忙碌碌我倒也心甘情愿。养小麻雀的时光没过多久，一天放学回来，两只麻雀都不见了，急得我里里外外到处寻找，一直找到吃晚饭也不见踪影。那天晚上我心里很难过，揣测它们会不会被猫或别的动物给吃掉了。

比起养鸟，我养蚂蚁的时间更长。园子里有小黄蚂蚁、黑蚂蚁、褐蚂蚁，颜色不同，大小也不一样。有一天，我看到一群黑蚂蚁正在搬动一只比它们大好多倍的绿色蚂蚱，好像有指挥官一样，齐心协力，不一会儿就把蚂蚱拖到一块石头下面去了。小小蚂蚁竟有如此大的能耐？我萌生了想一看究竟的念头。

第二天，我找到一个有金属盖的大口玻璃瓶，在瓶盖上锥了很多透气孔，里面装满细土，压紧实后恰好留有一定的空间，然后，我吃力地把那块石头掀起来——下面正是黑蚂蚁窝。整个蚂蚁王国躁动起来，密密麻麻乱作一团。昨天那只蚂蚱已经被肢解成碎块，不少蚂蚁口衔白色幼虫和卵来回乱窜，还有一些个体稍大的张着嘴，似乎在寻找攻击的目标。我小心地抓了十几撮放到瓶子里，有厚厚的一层，然后放些饼干屑、水果皮进去，再把盖子拧上。

转天下午放学回来一看，奇迹出现了，泥土中已经有好几条长短不一的下行通道，沿着玻璃瓶内缘的三条看得很清楚，通道圆形，壁面光洁，微微弯曲，幼虫和卵已经转入地下。它们还在不停地工作，衔出的松土已经快把上层空间填满了，我用小勺把松土舀出来，第二天又满满的。我每天都记着喂食，并帮它们清除土渣，经过一段时间，宽窄不一的通道就纵横贯通了，有几条通道的末端还出现了几个水平延展的宽大洞穴，卵、幼虫和食物分门别类储藏在不同的洞穴中，蚂蚁们出出进进，不停地忙碌。一个奇怪的洞中长出了一只大蚂蚁，比同类大好几倍，腹部又大又圆，时常有十来个蚂蚁围着它转，现在想来应该就是蚁后吧。当时什么也不懂，除好奇之外，儿时的心灵也对小小的生命朦朦胧胧地产生了敬仰亲近之情。

这一瓶蚂蚁深深地留在我的记忆中。原本我会一直养下去，无奈被毫不讲理的大哥偶然发现，遭到严厉训斥。我不服气，顶撞了几句，他居然把瓶子拿到屋后砸碎了，还用戒尺打我的手掌。他是家里唯一打过我的人，在我心里留下了遭受屈辱的阴影。

祖父不干预我的爱好，他也有自己喜欢的东西。他特别偏爱盆栽兰花和菊花，从来都是亲力亲为。每年到兰花吐蕊、菊花盛开时节，真是美不胜收，祖父打造的绿色天堂里飘溢着幽兰和金菊的馨香。

1949年10月1日，中华人民共和国成立。昆明仍在国民党统治下，有钱人和当官的忙着往外跑，祖父说："由他们去，改朝换代未必是坏事。"大姐已经上大学了，就读于云南大学医学院，她参加过进步活动，爱唱的民歌中，其中一首叫《山那边哟好地方》，另一首叫《太阳一出照四方》，听多了我也会唱，只是歌词记不全。

12月，卢汉宣布起义。蒋介石调动第8军、第26军攻打昆明，扬言要打进城，然后烧杀抢掠。昆明城一时人心惶惶，人们祈祷卢汉的部队能守住城池，盼望解放军早日到来。枪炮声由远到近，最后一天敌军已经打过双龙桥，双方在盘龙江对岸激烈交锋，家家关门闭户，六神无主，听天由命。十岁的我对战争的残酷和生杀予夺毫无概念，夜间偷偷溜出屋，爬到藏书屋一侧的平顶房上，更真切地听到爆竹似的枪声，还见识了天边爆炸闪烁的红光，以及嗖嗖划过天空的子弹。第二天清早，枪声戛然而止，好一阵才敢出门探望。听人说，第26军撤退了，老天保佑，逃过一劫。过后知道，昆明保卫战能够获胜，除卢汉部队的拼死抵抗以外，还得益于已到达昆明附近的刘邓大军先遣部队和边纵主力，敌军闻风丧胆，不得不撤。昆明地下组织组建义勇自卫队，维持治安，支援起义军，也功不可没。

1950年2月，中国人民解放军正式入城，昆明彻底解放。同年，祖父主动把豹园及财产交给政府，全家人搬到盘龙路16号平房小院居住。家中藏书，包括《万有文库》《资治通鉴》、部分《四库全书》及一套1938年版的《资本论》中译本等，全部捐赠给云南大学图书馆。祖父和时任云南大学校务委员会主任委员的秦瓒曾有交往，他的开明之举受到赞许。

不过，祖父毕竟是旧社会过来的人。大约是1947年，为了光前裕后，他在螺蛳湾买了八亩农田和周边一块林草地，准备另盖一处居所，后因时局动荡，家底也不够丰厚，一直搁置到昆明解放后。1951年"土改"时，按当时的政策界线，祖父被划为"地主"。地主是一定要接受批斗的，但他年事已高，便由父亲顶替，从此父亲就戴上了"地主分子"的帽子。

"土改"开始初期，有几天地主不能回家，要集中关押。当时我已经12岁了，哥哥姐姐住校，很少回家，我就是最大的。我知道地主人人喊打，地主的儿子也抬不起头来，但是他终究是父亲。螺蛳湾在双龙桥附近，距离恩光小学不远。虽然有些害怕，但不能偷奸耍滑，我自告奋勇担起送饭的任务。第一次去有点难找，父亲被关在一个寺庙中，后来就顺利了。看守寺庙的农民对我也很和气。

由于对螺蛳湾的农民没有直接的盘剥也无积怨，父亲倒也没受多少皮肉之苦，只是被抄家之后，一大家人的温饱成了最大的问题。地主分子不可能求公职，只能干体力活，父亲好不容易在火车北站找到一家搬运公司当送货工。每天早上去公司领差事，用两个轮子的板车把货送到指定地点，收工时将回执和车子一并送回公司，然后步行回家。时间不固定，没货拉的时候回家早些，货多的时候很晚才回来。从劳心者到劳力者，从教书先生到板车夫，他逐步适应了人生的巨大转折。

1952年秋天，大姐从云南大学医学院毕业，实习期满后被分配到西藏昌都人民医院工作。那时候，进藏很辛苦，但工资待遇较高，大姐每月能寄回几十块钱，那就是全家主要的生活来源。之后哥哥姐姐大一个走一个：大哥考取云南大学法律系；二哥考取清华大学地质系，院系调整后就读于长春地质学院；三哥考取某空军航空学校，成了预备役军人；二姐考取了北京外国语学院（现北京外国语大学）；我在1952年顺利考上了昆明第一中学。

初一上学期，我没有住校，来回走读。一天放学回家，照例先向祖父请安，许久都没有回应。走近一看，祖父平躺在床上，半睁着眼睛，嘴巴微张，我轻轻摇了摇他的手臂，连叫几声都没有答应，把我吓坏了，急忙去找父亲。幸好那天父亲收工早，急忙请来了住在街对面熟识的蓝瑚医生。蓝大夫把脉后用小电筒照了照祖父的眼睛，对父亲说："不行了，准备后事吧。"祖父就这样安详地离开了我们。

那天，我伴着父亲租了一辆马车，把祖父的遗体送到跑马山火化场，在一间黄色土房子前停了下来，父亲说有事要回去一趟，让我在那儿守着。回想起来，他应该是去借殡葬费了。我一个人就在那里守着祖父，也不害怕，一直等到父亲回来。我们用祖父喜欢的一个瓷瓶把骨灰封装起来，回到家已经很晚了。

高二年级上学期，在昆明开展的全市安全检查运动中，父亲被人举报了。据说是昆明解放前夕，国民党反动分子罗镜波逃匿香港前曾委托父亲照顾其家人，留下若干黄金银元，父亲有隐藏挪用之嫌。他申辩"土改"抄家时已被抄没，但又拿不出任何凭证。加之在批判会上有对抗行为，被当场拘捕，收押在看守所，等待宣判。当时五弟和三妹已经免费就读于昆明第二师范学校，只剩下两个最小的弟妹随母亲在家。此事犹如晴天霹雳，我有些难以承受。高三上学期，学校高年级开展交心运动，要求每一个同学忠诚老实地呈报家庭情况。我如实把我知道的都说了，还填写了表格。

由于长期住校，周末难得回家一次，哥哥姐姐都出远门了，母亲不愿意提及伤心的事，只是尽可能给我做点好吃的，要我安心学习，故我对家里的详细情况并不知道。直到很多年以后，我才从小弟弟那里得知详情，而且看到了《昆明市中级人民法院一九八四年十二月廿日复审判决书》。从这份判决书中知道，1958年12月，昆明市中级人民法院因反革命案判处父亲有期徒刑八年，后来，大姐大哥以原判认定犯罪情节与事实不符为由提出申诉，经法院再次审查，认为原判对被告人以反革命定罪属于处刑不当，应予纠正，撤销原判对被告曾以恕以反革命罪判决有期徒刑八年的判处，维持原判没收被告人坐落在昆明市盘龙路16号的房产，以折抵欠缴的黄金。我发自内心地感激司法部门能在20多年后的改革开放时期还我父亲以公道。

1960年，父亲在矿山劳改期间，由于矿井冒顶事故，不幸离世。1961年，父亲去世不久，母亲也病故了。母亲的后事是由在昆明工作的大哥和北京外国语学校毕业后在昆明工学院任教的二姐操办的。我当时已就职于中国科学院昆明植物研究所[1]，正和组上的两个同事随黄蜀琼[2]老师到富民出差，在野外采集标本，没得到母亲去世的消息。母亲操劳一世，用生命养育了我们，

[1] 除非特别说明，本书后文中的"昆明植物所""昆明所""我所"皆为作者对中国科学院昆明植物研究所的简称，"北京植物所"为中国科学院植物研究所的简称，"华南植物所"为中国科学院华南植物研究所（2003年10月更名为中国科学院华南植物园）的简称，"西北植物研究所"为"中国科学院西北植物研究所"（该所现已合并至西北农林科技大学）的简称。
[2] 黄蜀琼（1921—2002），植物分类学家，生前研究唇形科香薷属、瑞香科、茄科部分属。

晚年还要照看两个最小的弟弟妹妹。我虽然已经工作了几年，但没有尽过孝道，就连母亲生病离世也没能见最后一面，我终身为之内疚。

从初一下学期开始，我住进了学校。我们班的宿舍有16张上下铺，32名同学住在一起，像一个大家庭。早上6点半起床跑步、做早操，晚上10点钟熄灯。大家都随和友善，我第一次过集体生活，很快就适应了。昆明一中是云南最好的中学之一，有悠久的历史和显赫的业绩，艾思奇、熊庆来、杨振宁都是昆明一中的校友。从1905年创立以来，一批批的学子在这里刻苦攻读，基奠人生，不论成人后从事何种职业，也不论能力的大小，都带着母校的印痕。何其有幸，我的青少年时期能在这片沃土上度过，没有因为家庭出身受到任何歧视。

六年的时光里，我沐浴在阳光雨露之中，唯一与众不同的是家境拮据。除每月七元的伙食费以外，没有任何零用钱，穿着简陋，只有一双轮胎底的帆布鞋，没有换洗的，隔一段时间用手指把脏东西抠出来，可以穿很长时间，更无力参加任何需要交费的集体活动。记得读初二时，晚自习后几个同学围坐在两个下铺之间聊天吃零食，有同学抓了一撮瓜子给我，另一个同学突然指着我说："他是小气鬼，从来没见他买过一次瓜子。"当时我很尴尬，晚上躺在床上仔细想了想，他说的是对的，我从来没有买过零食，为什么要去吃别人的呢？从此以后，我不凑热闹，也没有沾过零食的边。

下午两节课后，我最爱去的地方就是图书馆和阅览室，后来得知翠湖公园内的图书馆和光华街中苏友好协会图书馆都是公益免费的，于是去办了阅览证，课余又多了两个去处。尤其是翠湖图书馆，离学校较近，环境又好，我每周至少要跑两三趟。一次在翠湖图书馆借到了一本《增广贤文》，其中有两句话让我茅塞顿开："言轻莫劝人""无钱休入众"。古人的话，为我下意识回避课余时间与同学相聚找到了哲理根据。中学时代，我从不自觉到有意地逐步过渡到喜欢独处，不愿意发表议论，总是避开喧闹的地方寻求安静，无意间却成为我日后学习工作中的常态，受益匪浅。

有一次，我从翠湖图书馆看书出来上厕所，竟遇到了父亲，拉着一辆空板车，一身的汗，一条毛巾搭在肩头，湿透了。我问："爹，你怎么在这儿？"父亲告诉我："今天去马街送货，回来路过这里歇口气，喝杯茶。"他问我不好好上课，跑公园里干什么？我回答："下午只有两节课，来翠湖图书馆看书。"随后，父亲从兜里掏出五毛钱给我，说："肚子饿了，自己买点吃的。"我看着他疲惫的身影，久久不能平静。五毛钱，哪里舍得乱花，后来都用在了紧要的地方。一是买了信封和一毛钱的航空邮票，给远在东北的二哥写了封信，眼睛近视度数增加了，黑板上的字看不见，家里挤不出钱来配眼镜，向二哥要钱。二是买了一支圆珠笔。还有一次是回学校晚了，没赶上吃晚饭，在外面吃了一碗面条。

在昆明一中的六年，是增长知识、学习做人的重要阶段。在班上我不算优秀，成绩排名总是在第十名左右，晚自习做作业并不困难，但也没有争夺前几名的雄心壮志。我不知道我算不算一个好学生，初中三年级的时候，我居然被我们班选为市学生代表大会的代表，参加了两天的会议。惭愧的是，会后让我向全班传达汇报学代会的精神时，我一时紧张，语无伦次，让大家大失所望，我也深感丢人，辜负了大家的信任和期望。这是我青少年时代第一次难忘的教训：做事要量力而行，没有本事就不要去承担，一旦承诺，一定要兑现，尽最大的努力交出合格的答卷。

此后我又回到低调独处的状态，上课认真听讲，下课独自看课外书。看课外书既是乐趣，也是享用精神食粮。看《西游记》《水浒传》，更多的是看苏联小说，《卓娅和舒拉的故事》《钢铁是怎样炼成的》《船长与大尉》《青年近卫军》等书中的内容和情节深深地打动了我。我把保尔·柯察金的名言"人的一生应当这样度过，当他回首往事时不因虚度年华而懊悔，也不因碌碌无为而羞愧，这样，临终前他就可以自豪地说：'我已经把自己整个生命和全部精力都献给了世界上最壮丽的事业——为人类的解放而奋斗'"，以及《船长与大尉》中的"奋斗、探求，不达目的誓不罢休"记在小日记本上，作为自己的座右铭。

我喜爱阅读的另外一大类书籍是艺术画册和绘画技法书。在中苏友好协会图书馆，第一次看到列宾、列维坦、希什金、苏里科夫[1]几位大师的作品，惊叹不已。那里还有不少素描、水彩、水粉的绘画技法书。当我第一次看到人体素描，不禁脸红心跳。看艺术画册不仅是审美体验，还在蒙眬中极大地提升了审美情趣；绘画技法书则帮助我加深了对美术课老师所讲述的黑白灰、明暗分界线以及色彩三要素等知识的认知。虽然当时没有时间和条件去实践，但是大开眼界，领略到绘画作品的魅力，对画家职业心怀崇敬。

爱看画册同样是天性使然，我从小就爱好涂鸦，由着性子乱画，似是而非，大人视之一笑，不置可否。随着年龄增长，我画画开始有主题了。我记得新中国成立后读的第一本小说是《狼牙山五壮士》，讲的是五位八路军战士为了掩护大部队转移，把

---

[1] 这四位画家都是19世纪俄国巡回展览画派的重要代表。

日本兵吸引到悬崖边，弹尽粮绝后，跳下万丈深渊，宁死不屈的事迹。这本小说深深打动了我，我情不自禁地画了一个八路军战士。出于崇敬，还不自量力地临摹毛主席像，二哥看见了说领袖不能随便画，画不像是不尊重，于是我再也不敢画了。小学六年级的时候，报纸和广播都报道了志愿军空军英雄张积慧一人打掉四架美国 F-86 战斗机的事迹。我和同学周继煌合作，我画了一组张积慧英勇事迹的组画，他用放大镜、网球筒和肥皂箱自制了一个幻灯机，居然能放大映照到教室墙壁上，受到同学和老师的好评。60 多年后，周继煌从旅居多年的西班牙回到昆明，老同学相聚谈及此事，备感亲切。

　　初中一年级，我接受任务，在教学大楼前的黑板报上，用粉笔画过志愿军英雄黄继光用胸膛堵住敌人枪眼的场面，至今记忆犹新。初中美术老师是袁晓岑[1]先生，当时他已经在云南画坛崭露头角。袁老师主要教授静物素描，这是我第一次接受怎样在二维的平面纸张上塑造三维形象的教育。遗憾的是，美术课每周只有一次，初二以后袁先生就调走了。

　　整个中学时代，我画画不多，只画过一些素描习作。初中时有几个画得很好的同学相约在课余时间一起画水彩风景写生，由于经济条件限制，我无力购买颜料、调色盒、水彩纸等，没有参与。我主要就画画黑板报，平常也会在一个小本上随便画点儿。那时候画英雄董存瑞、邱少云，从小学画到中学，都是根据报纸上的照片来画。高中以后，学业逐渐加重，三年时间基本上中止了绘画。虽说三年不动笔，但我看见好画仍然要仔细欣赏，现在

---

[1] 袁晓岑（1915—2008），贵州普定人，国画家、雕塑家。当代中国花鸟画的杰出代表之一，开创了写意孔雀画派。

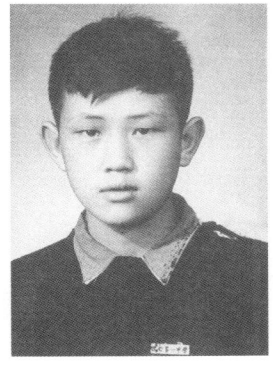

学生时代"三部曲"
小学、初中、高中毕业照（1952年、1955年、1958年）

想来，那也算是把欲望和感悟积攒起来，蓄势待发。

1958年，告别中学时代的日子终于来临了。高考是对六年寒窗的总检验，是人生的转折点。高考前几天，好心的班主任叫住我，沉默片刻，她说："准备得怎么样？根据平时的成绩，争取考个好学校没问题，但是根据你的家庭情况，恐怕要做好考不上的思想准备。不要灰心，人生的道路宽阔得很，只要努力，干什么都有出息。"我不善言辞，说了一声"谢谢老师"就走开了。我觉得她私下提醒是对我好，我对高考的亢奋情绪一下子舒缓下来，仍然按部就班地准备，考场上也不紧张，觉得几门课都不算太难。

放榜的时候，所有住校生来来回回的，眼睛都盯着收发室的大黑板，只要榜上有名，一准是录取通知书到了，顿时手舞足蹈，欣喜若狂。我有自知之明，不敢抱希望，但时不时还是忍不住去看一看。几天之后，宿舍里大部分同学都如愿以偿。只还有最后几个没有动静，我难免有些凄凉，暗自思量是去工厂当学徒，还是去学点手艺。老师的话"只要努力，干什么都有出息"不时回响在耳边，我坚信养活自己没有问题。

正当我决定不能傻等，要出去看看报纸上的招聘广告时，豁然看见大门口的黑板上写着"曾孝濂"三个大字。我急忙冲进收发室，迫不及待地拿起信封，上面没有大学名字，是中国科学院植物分类研究所昆明工作站的公函。撕开一看，写着："由于我所科研工作发展需要，录用你为我所见习员，半天工作，半天学习……"

太兴奋了，真是喜出望外，比考取大学还高兴。我立即跑回宿舍和大家一起分享，在场的同学都为我高兴。有一位同学开玩笑说："哇，比我的还好，来来来，我们对换。"我很兴奋，连中午饭都没吃，立即奔回家向母亲禀报，她也笑了，说："我还正愁着出去上学去哪里找路费钱呢。这下子好了，又能读书，又有钱。"我说自己等不及了，明天就想去报到。

当天下午，我到学校把行李取了回来。第二天中午，捆绑好简单的被褥和洗漱用品就上路了。按照录用通知的指引，我步行到穿心鼓楼找到9路车的公交站，排队等候上车。正值"大跃进"时期，公交车班次少，汽油欠缺，等了个把钟头，终于开来一辆奇形怪状的车，右侧尾部竖着一个圆桶形的火炉，燃烧着块状的烟煤，车顶上还捆着两个偏圆形的大气囊。到昆明植物所只要两毛五分钱的车票，汽车一路摇晃着，行驶在不太平整的土石路上。

当时没有意识到，这就是我人生的起点，也将可能是人生旅程的终点。

第二章 机缘

机缘

在人生的旅途中，每走一步并非都是预先设计好的，要学会珍惜和把握生活中的不期而至，看似偶然的相遇相知，或许会决定你的志向、观念和人生。你会心甘情愿地为之付出和拼搏，尝尽人生百味而又淡定从容，一切仿佛都是顺理成章而又自然而然。

中国科学院植物研究所昆明工作站（简称"昆明工作站"）历史悠久，前身是1938年由北平静生生物调查所所长胡先骕委派蔡希陶与云南省教育厅厅长龚自知筹划合办的云南农林植物研究所（简称"农林植物所"），胡先骕任所长，蔡希陶任专职研究员并兼任农林植物所所在地黑龙潭龙泉公园经理。1950年，农林植物所被接收改建为中国科学院植物分类研究所昆明工作站。1959年，在昆明工作站的基础上建立中国科学院昆明植物研究所，吴征镒任所长，蔡希陶、浦代英任副所长。昆明植物所是我国植物学研究的重要基地。

到了工作站，碰到一位和蔼的老职工，把我引到办公区。三幢品字形排列的大楼，庄重气派，令人肃然。我恭敬地办完报到手续，办公室的工作人员把我带到一排土坯房。这是宿舍，三人一间，十分简朴。我可能是最先报到的，几天以后新进职工才陆续来齐。

十九个来自云南各地的高中生，经过简短学习，就开始了为期半年的劳动锻炼，在元宝山种试验田（当时正值"大跃进"时期，叫"卫星田"），从蒜村往山头上挑大粪，或者是从茨坝坡头一个马厩挑马粪做底肥。发酵后的马粪厚厚一层，挑的时候不能穿鞋，赤脚踩在里边烫乎乎的，起码有四五十摄氏度。当时我们住在元宝山上一座平房小院里，晚上回去，整个屋子都是马粪的味道，三五天都散不掉，连被子里都是那个味。由于高三时参加过"大跃进"修建昆明金殿水库的高强度劳动实践，挑担子对我来说一点儿都不在话下。从蒜村到昆明植物所大概2公里山路，中途只用歇一次，闪悠闪悠一天要来回多趟。劳动期间，我们还学习了一些植物学的基本知识，我开始有了一点对植物科属的认知。

[上] 昆明植物所同仁合影 1959年
前排左起：陈佩珊、许朔桂、潘以祥、凌崇毅、王立苏
后排左起：余彩、王守正、邱炳云、周铉、曾孝濂、黄咏琴、黄蜀琼
陈佩珊是标本馆管理员。邱炳云，跟随蔡希陶、俞德浚等植物学前辈，从脚夫成长为一名植物采集员，新中国成立后成为昆明植物研究所的元老之一，全所人都亲切地称其"邱大爹"

[下] 与同事们在黑龙潭公园 1959年
前排左起：陈佩珊、王立苏、曾孝濂
后排左起：王守正、凌崇毅、佚名、李碧璋
其中王立苏、凌崇毅、李碧璋和我一同调入分类室绘图组。一同调入的还有谢良友（不在照片中）

劳动锻炼结束，我被分配到植物化学室参加野外样品采集，回到室内，则在老师的指导下进行成分抽提。有一次，芳香油课题组派了四个年轻人去阿子营采集云南樟样品。野生樟树高大挺拔，分枝舒展，要爬到分枝顶端才够得到带叶的枝条，将其折断扔下来。我自幼爱爬树，自告奋勇上树，没想到采摘带叶枝条成了我一个人的任务，其他三人只管在树下收集。爬到第五棵，我已经精疲力尽，手脚发抖，想到"守以惇笃"的古训，还是坚持了下来。其实我对"守以惇笃"的出处和含义并没有真正地了解，只是来自儿时的记忆，认为做人不能偷奸耍滑，要敦厚踏实，做事要坚持到底。由于体力不支，爬最后一棵树已经属于冒险。那时条件不好，没有汽车，采集结束就雇了四匹马驮回所里。阿子营到昆明植物所有30公里左右，我们四人跟着马帮，一直走到夜里10点多钟。

当时，随着所里年轻职工结婚生子越来越多，蔡希陶副所长发动大家一起自建托儿所。一天，吃过晚饭，蔡老带队，几十号人，男男女女，老老少少，步行至"五里多"去挑定制好的婴儿床。我记得是那种四面带栏杆的绿色小床。床倒是不太重，但是有20多公里路。一开始很轻松，刚挑起来时我可以挑两个，但是蔡老说两个人抬一个。后来吃不消了，小床由轻变重，越走越重。走到所里已经是夜里两点多了。

分配到植物化学室的中学生后来都读了云南大学的函授班，我没有赶上，因为工作不到两个月，我就被调整到分类室了。此时，《中国植物志》的编研工作已经启动，包括科研和技术系统的人员配备已经在紧锣密鼓地进行。与我一同进入分类室新设绘图组的还有四个人：凌崇毅、谢良友、王立苏、李碧璋。

蔡希陶与昆明植物所托儿所的孩子们合影　1962 年

我是因为抄写装饰黑板报被发现有绘画基础，从植物化学室商调的。分类室是我真正的归宿。那时，食堂外边的共青团黑板报是所里大事小情的通信窗口，每个星期都要更新。虽然我还不是团员，但是画一点花边、装饰图什么的，对我倒是小菜一碟，加上平素写字也比较工整，于是差不多一进所，我就被选中去抄黑板报。时间长了，大家也都知道我有一点儿画画的专长了。分类室的宣淑洁[1]老师明确告诉我："把你调来就是为了画《中国植物志》的插图，要尽快学习植物分类学知识和绘图规范。"

我国幅员辽阔，地跨热带、亚热带和寒温带，自然条件复杂多样，孕育着丰富多彩的植物种类。早在 18、19 世纪，西方人来到中国考察和采集植物，标本被全部带走，保存在他们国家的标本馆中，并依据这些发表了大量的新科、新属和新种。由于标本和文献资料分散于世界各地，中国植物学家开始研究中国植物时，困难重重，需要查阅前人发表的文献和标本。世界上的绝大多数国家，除非是很贫弱的，都有自己国家的植物志。我国老

---

[1] 宣淑洁，李锡文研究员夫人，二人为河北农业大学同学，毕业后皆就职于中国科学院昆明植物研究所。李锡文自 1973 年至 2004 年任《中国植物志》编委。

一辈的植物学家自开始研究植物起，就梦寐以求有一部我们自己的植物志。

20世纪初，中国老一辈的植物分类学家陆续开始采集植物标本。最早到野外采集标本的是钟观光[1]，他在中国十几个省区，共采集了10万多号标本。钟观光改变了以前总是外国人在中国主导采集植物的情况。他带着我们中国人自己去野外调查植物、自己鉴定植物，可以说他是第一个这么做的人。

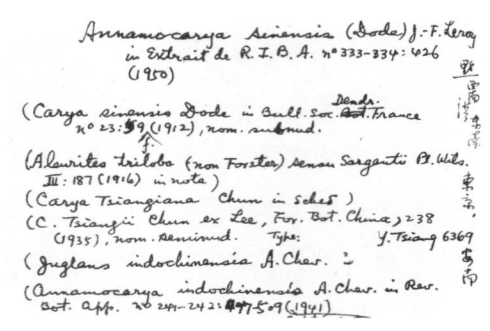

[上左] 1938年，俞德俊（左二）、邱炳云（左四）在独龙江考察采集

[上右] 吴征镒先生的植物卡片

[下] 20世纪50年代，参加云南生物资源综合考察的部分人员
前排左起：佚名、佚名、王德祖、陶德定
后排左起：王文采、陶君容、佚名、吴征镒、李锡文、黄蜀琼

1 钟观光（1868—1940），宁波镇海人，近代中国最早采集植物标本的学者，也是近代植物学的开拓者。

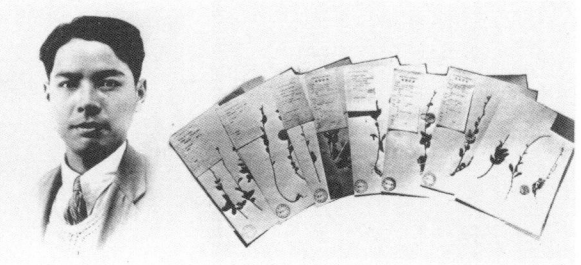

钟观光　　　　蔡希陶与他在云南贡山采集的野生亚麻植物标本

　　随后，秦仁昌、陈焕镛、钱崇澍、刘慎谔等也在华南、东北、华东、华中、华北、西南、西北等省区采集了大量植物标本。随着植物标本的大量采集和植物分类学研究取得进展，1933年，胡先骕在中国植物学会第二届会议上提出："现在国内植物分类学者渐众，理应编纂《中国植物志》。凡编纂各科植物专志者，应同时编纂《中国植物志》。"但当时资金、标本、文献等方面尚有许多困难，这一愿望没有实现。抗战时期，清华大学迁往昆明。吴征镒在茅草房里，用破木箱和洋油桶搭建了一间标本室。从1942年起，历时10年，根据秦仁昌[1]和吴韫珍[2]从国外收集的资料，整理出3万多张植物卡片，详细记载了外国学者在中国采集的模式标本信息，内容囊括拉丁学名、发表时间、文献名称、发表者、采集地点、标本编号和模式标本照片。这些卡片后来成为编纂《中国植物志》和《云南植物志》的基础材料。老一辈植物分类学家的辛勤努力，为植物志的编研打下了十分坚实的基础。

1 秦仁昌（1898—1986），江苏武进人。中国蕨类植物学奠基人，1955年当选为中国科学院学部委员，生前任中国科学院植物研究所研究员。
2 吴韫珍（1899—1942），上海人。植物分类学家。毕业于金陵大学、美国康奈尔大学。1927年回国任清华大学植物学教授，吴征镒是其学生。

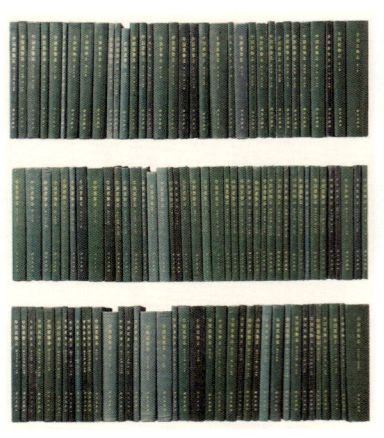

[左]《中国植物志》部分卷册
[右]为《中国植物志》英文版发行设计的邮政纪念封图案

　　中华人民共和国成立后，中国植物分类学有了很大的进展。在国家的重视下，中国科学院先后成立了数个以植物学为基础的植物研究所，并设置植物标本馆，其中就包括我所在的中国科学院昆明植物研究所，其他还有中国科学院植物研究所（北京）、华南植物研究所、西北植物研究所等。

　　1959年，国家正式立项，开始《中国植物志》的编研工作。1959年9月，由秦仁昌先生主编的《第二卷（蕨类植物）》率先出版。2004年9月，全书80卷、126册全部完成出版。《中国植物志》记载了我国301科3408属31142种植物的科学名称、形态特征、生态环境、地理分布、经济用途和物候期等，包含8690个图版和409幅插图。这部宏幅巨制是全国80余家科研教学单位的312位植物分类学者和164位绘图人员历经45年艰辛编纂才得以最终完成，实现了中国四代植物学家的夙愿。这一协作的规模在世界上也是十分罕见的。《中国植物志》不仅摸清了中国的植物资源，为合理开发利用植物资源提供了极为重要的基础信息和科学依据，还为中国的经济和社会发展提供了有力的帮助，对陆地生态系统研究和全球可持续发展具有重要价值。

当时的我不可能预见这样的辉煌成果，但已经清醒地认识到《中国植物志》是国家级的重要科研项目，要几十年的时间才能成功，全国各地正协调组织力量，要有条件的人才能参加。我觉得自己这辈子值了。我是幸运者，冥冥之中来到昆明植物所，不仅有了容身之处，还能从事与自己兴趣爱好一致的工作，这种机缘巧合莫非是天意？植物志以文字为主，插图为辅，插图是用绘画语言为科学理念做直观和形象的补充。世界各国的植物志都注重图文并茂，图不好会影响植物志的使用效果，所以我暗下决心，一定要把自己的工作做好，不辱使命。高中时被搁置了三年的绘画欲望一下子迸发出来，我迫不及待地找宣淑洁老师带我们看最好的植物志插图。

昆明植物所图书馆欧美原版植物学著作与杂志合订本存放区
中国科学院昆明植物研究所供图

昆明植物所图书馆馆藏的部分《柯蒂斯植物学杂志》

[左] 圣母百合　1794 年　《柯蒂斯植物学杂志》第 278 号插图
[右] 刺山柑　1795 年　《柯蒂斯植物学杂志》第 291 号插图

　　宣老师把我们五个人带到图书馆。非常幸运，昆明植物所图书馆藏有欧洲经典的植物学原版书，英文、法文、德文的都有。插图大部分是黑白的，基本上都是古典铜版画风格，由精细而富于变化的平行线条精准体现植物的形态特征和明暗关系，难度极大。

　　还有一套创刊于 1787 年的英国植物学杂志《柯蒂斯植物学杂志》(*Curtis Botanical Magazine*)[1]，羊皮精装封面，典雅古朴，

[1]《柯蒂斯植物学杂志》以介绍欧洲本土珍稀观赏花卉和从美洲、亚洲引入的奇异植物物种为绘画主题，把科学和艺术完美地融为一体，向民众普及了植物学知识，满足当时欧洲民众对自然科学的好奇心和探索热情。由当时著名画家西德纳姆·爱德华兹(Sydenham Edwards)、詹姆斯·索尔比(James Sowerby)等人绘画制版，手工上色，自发行开始，植物版画均按顺序编号刊发，同时文字页介绍植物的名称、分类、原产地、用途、分布等植物学知识。该杂志反映了近代自然科学在西方的萌芽。

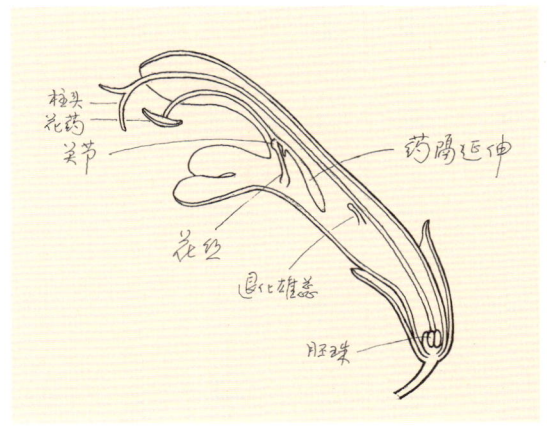

[左] 一串红　唇形科鼠尾草属
　　　为《中国植物志》绘制的第一幅插图，收录于1977年出版的第66卷
[右] 鼠尾草管状花结构示意图　2024年

　　摆满了好几个大书架。这本杂志已经延续200多年，至今仍在发行。在摄影技术高度发达的今天，这本杂志还在坚持传统，仍以收载手绘彩图为主。更难能可贵的是，在欧洲没有彩色印刷以前，所有的彩图都是在铜版或石版印刷的基础上手工水彩着色的，能够看出渲染的直接效果和程序，可以说是彩色博物画的最佳范本，为我们初学博物画的人指引了一条最为传统而又具有很高水准的正确途径。

　　与此同时，分类室的研究人员耐心地向我们传授植物分类学的基础知识，我开始对种子植物的根、茎、叶、花、果、种子的功能和形态类型建立起初步的认知。

我画的第一幅图是唇形科鼠尾草属植物。这是一个高度进化的植物类群，管状花的花冠由花冠筒和上下两个唇瓣组成，发育雄蕊着生在筒内上部，花丝短，药隔延伸成矩。整个雄蕊形成一个丁字形结构，花丝和药隔连接处形成一个可以活动的关节。当昆虫入内采食花蜜时，必然触动药隔下部的矩，由于杠杆作用，药隔移动，上端的花药下移，拍打在昆虫背部，花粉就巧妙地粘到了背部的绒毛中。昆虫爬进花冠管内吸食花蜜后，返回离开花冠或进入另一朵花吸食花蜜时，大概率会碰到花冠口上端的柱头，从而完成传粉过程。

这太神奇了。但要用图的形式表现出来，难度不小，第一幅图就给我来了个下马威。我在被大自然的鬼斧神工所吸引的同时，也清楚地意识到，这份工作没那么简单，必须要全身心投入，加倍努力。我犹记得画出第一幅科学画的时候，内心真的有一种神圣感。我告诉自己，一生能做这个工作，既是我的福分，也是我的责任。

不久后，我在新华书店买到了中国生物学绘画的奠基人冯澄如老先生的《生物绘图法》一书。书中系统地介绍了生物绘图

冯澄如与《生物绘图法》

的工具、方法和动植物形态特征，让我受益良多。冯老为我国第一代留学回国的现代动植物学家胡先骕、陈焕镛、秉志的著作绘制了很多精准的插图。更值得后辈敬重的是，在抗战期间，他创办了江南美术专科学校，为中国培养了一批生物绘画的中坚力量，这些第二代的前辈在北京、广州、南京承前启后，薪火相传，培养出一大批青年生物画家，为后来《中国植物志》《中国动物志》的编绘工作储备了骨干人才。昆明植物所地处边疆，虽然没有直接受益，但长达数十年的编研过程中，由中国植物学会和中国植物志编委会主持，在植物科学画专业委员会的架构内，举办了多次交流活动，也有幸得以传承前辈和同行的敬业精神及先进技法。

有了方向，有了目标，有了传承经典的导向，紧迫的学习过程刻不容缓。任何成绩都不会一蹴而就，而需要一点一滴的积累、日复一日的努力。1960 年，在吴征镒所长带领下，李锡文、宣淑洁、黄蜀琼、黄咏琴等植物分类学家齐心协力，正式拉开了昆明植物所编研《中国植物志》唇形科的序幕，我也随之进入人生的主题，把我生命过程中精力最充沛的大部分时间奉献给了画植物科学插图这一使命。

那个年代的人，认为工作就是自己的职责。做自己喜欢的事，有一种感恩的思想，心里只想把工作做好，没有别的功利心。那时候我的工资只有 27 元 5 角，一直拿到"文革"开始。第一个月工资给家里送了 10 元，剩下的添置了一点被子、脸盆。之后每个月给家里送 10 元钱，弟弟妹妹还小，我要帮母亲分担一点家用。那时一年发七寸布票。七寸布票是干什么用的？打补丁用的。没有人衣服不打补丁。有一个和我同期入所的同事，叫姜成林，是初中毕业生，分在了生理室，非常用功，后来成了放线菌

和昆明植物所同仁合影　1963年
左一为曾孝濂，右一为姜成林

研究领域享誉海内外的大学者。论打补丁，他比我更厉害。他的衣服打了三层补丁，大补丁小补丁，补丁破了再打补丁。上面照片上最右边的就是他，你可以看到他身上密密麻麻的补丁。我那时就是拼命画画，宿舍就在我的办公室对面，办公室就是我的家，洗脸洗脚的水就在办公室打，常年用冷水。我和他住一个楼，他住在楼下厕所旁的房间，我在楼上一个没有窗户的房间，有兼顾南楼值班守护的任务，我们两个都开夜车，铆着劲儿学习。我在那个楼里住了七八年。

　　后来我才知道，把我们这批中学毕业生招进所里，蔡老是起了关键作用的。那时候为了适应国民经济发展的需要，科学研究也全面展开。大学生招不上来，不够用。蔡老就跟当时的行政负责人商量，到应届高中毕业生里面去招一些成绩比较好但是可能家庭出身有问题的人自己培养。1957年反右派斗争后强调阶级路线，所以蔡老招我们进来是有一定风险的，他说出了问题我

当年从宿舍楼望出去就是这两栋大楼
中国科学院昆明植物研究所供图

们一起担当。我们这批高中毕业生一共来了十九人，都十分珍惜和热爱自己的工作。十九人中，经过多年的不懈努力，有五人被破格授予研究员职称，一人被授予研究员级高级工程师职称。

当时，我们几个绘图员热情都很高，但大家毕竟是刚进入新的领域，工作中困难不小。1962年，所室领导为尽快提高我们的业务水平，派凌崇毅和我去绘图力量最强的两个所学习半年。凌崇毅去的是北京的中国科学院植物研究所，那里的冯晋庸、张荣厚、刘春荣等先生造诣深厚。我则到华南植物研究所跟随冯钟元先生学习，他是冯澄如先生的儿子和传人，也是著名植物学家陈焕镛先生的女婿。责任重大，机会难得，我兴冲冲地赶去广州。

冯钟元先生在业内享有很高的声望。遗憾的是，当时不知什么原因，冯先生从来不去办公室，也没有人向我说明。23岁的我也不敢去业务处询问，只能每天采摘路边的花，用自己带来的照相透明水彩颜料画习作。

我内心非常焦急，停下唇形科的绘图工作专程来拜师是非常难得的机会，也是昆明植物所领导和老师们给我的重任，回去如何交代？终于有一天，我听到木拖鞋上楼梯的声音，绘图室的同事说："冯先生来了。"他们都迅速回到自己的位置坐好，我恭恭敬敬地站立在门边，准备迎接。果然是冯先生，我主动问候，并说我是昆明所派来向您学习的学生曾孝濂。冯先生问道："现在是几月份？"我说："6月。""6月！你不怕热我还怕热的，我不上班你知不知道？"我回答："不知道，是单位联系好通知我来的。"冯先生没有回答，走到办公桌前拉开抽屉取了一点东西就离开了。这是我第一次见冯先生，也是此行中的唯一一次。

华南所绘图室是一间五六十平方米的大办公室，靠窗户有一排绘图桌，冯先生的要宽大一些。靠墙有一排标本柜，屋顶挂着一个大电风扇，后面有一个小的储物间，我的桌子就放在里面。天气闷热，小屋里尤其闷热，我每天埋头画自己的习作。两个多月里，没有心情去偌大的广州市区看看，也没有条件购买任何心仪的纪念品，只是去过几次旁边的华南植物园。幸好，绘图室另外三位同事对我都很友善，他们是邓盈丰、余汉平和黄少容。邓盈丰是美术院校毕业的，在我的请求下给我看过他的水粉画作品，我很钦佩，对其中的一幅竹子印象很深，不过他基本不会走进我的工作间。余汉平是大高个，少言寡语，工作一丝不苟，直率坦诚。很少听人叫他名字，都叫他"高佬"。黄少容是蕨类植物专家王铸豪先生的夫人，钢笔画功底扎实，我对她的一幅作品《蛇菰》[1]过目难忘。黄大姐和蔼可亲，经常到小屋来坐坐，不时给

---

[1] 应是黄少容为《中国植物志》第 24 卷所绘制的蛇菰属植物图版。该卷主要由中国科学院华南植物研究所承担编纂及绘图工作。

照相透明水彩颜色（12色）

我扇扇子，我十分过意不去，怕耽误她的时间。她说对我的透明水彩画很感兴趣，想多看看。我当时很感动，她资历比我老，能如此虚怀若谷、平易近人，让我对她更加敬重。

这个透明水彩画是我在昆明的时候看到的照相馆把黑白照片染成彩色的方法，颜料是一种纸本的透明水彩颜色，12色，一小本一小本的。用的时候就把色纸撕下来，放在调色碟里，加水溶解以后，就可以作为水彩颜料使用了。用棉球或者毛笔，给照片染色，有时候不用水，直接用唾沫，效果更好。因为价格不贵，我也买了一些用来画画，直到现在色彩也没怎么变。因为没有老师教，我就用这个自学的方法画。

三个月时间过去了，有一天邓盈丰对我说："冯先生不会来了，这样下去也不是办法，还是早点回去吧。"我觉得有道理，也没有什么行装，第二天直接去火车站买票返昆了。回到分类室，宣淑洁老师诧异地问我："不是让你学习半年吗，怎么提前回来了？"我不敢如实禀报，两个所都是中国科学院的，而且搞植物分类的大都相互认识，为了这件事影响关系我担当不起，于是含糊其词地说是老师让回来的。她也没有过多追问，说既然回来了就抓紧工作吧。

到广州后，我发现华南植物所也在赶绘《中国植物志》的

德国兰（朱顶红） 1962 年
速写本　照相透明水彩颜料

插图任务，而且植物志的工作比昆明植物所开展得早，练兵更早。我去的时候，精装本的全一册《广州植物志》已经出版发行，放在绘图组的办公桌上。我仔细地翻阅了每一幅插画，非常工整精细，画幅虽然小，但把植物的形态特征都表达出来了。不过，和我在昆明植物所图书馆里见到的欧洲经典植物画相比，仍然有不小差距。

客观地说，自1960年开始画唇形科插图以来，我们昆明植物所的绘图团队学习传统的目标和方法总体上是正确的，而且已经基本上路了，但我们缺乏自信，以为还有更好、更快的学习途径。到广州以后，看到老大哥们虽然在实践经验和熟练程度方面值得我们学习，但是差别不大，仍然属于同一个层级。我心中有更高的目标。何妨归去，从源头学起？自此，我确认临摹经典、师法自然并重，是通向自由王国的必由之路。画水彩习作是在没有老师拟订学习计划的前提下，既练习了色彩、新材料的用法，又认真观察了活植物的透视变化，一举两得，无可厚非。过去学习力度不够，要急起直追，所以当邓盈丰建议我提前回家时，我第二天就立即动身了。

回到昆明，我认识到，自己需要在线条的应用上完成从观察理解到实践应用的过渡。于是，我立即找图书馆负责人施培基商量，能否允许我晚上进入图书馆。经过多次央求并做出安全方面的保证，他终于网开一面，给了我一把钥匙。此后一年多的时间，我每周至少有四五天晚上是在图书馆度过的。为了不惊动别人，只能开一盏壁灯和一盏台灯，图书用后归还原处，晚上11点前关门走人。

这一段时间是我打基础的重要阶段。我已经感悟到植物画的职业是要坐冷板凳的，要静得下心来，耐得住寂寞。诚然，作为社会人，必然不能脱离群体，上有师长，下有同伴，必要的交往很重要，团队活动和大众集会是不可或缺的，融入其间有归属感和责任感，也会带来欢乐。但人生在世，终是孤身而来，独身而去，一生中真正有效的进取都是在独处的时候，在传承的基础上通过反复实践而获得的。不能过分依赖和贪图热闹，热闹过头，难免浮躁。古人曰："非淡泊无以明志，非宁静无以致远。"我理解宁静就是孤独，孤独是人生的常态。孤独时思绪最清晰，寂静中效率最高，认知在孤独中积淀，技法在孤独中革新，观念在孤独中升华。我喜欢孤独是在中学时代形成的，那时已经尝到了甜头。工作了几年，依旧喜欢孤独，说到底并非不得已，而是自觉的选择。德国哲学家叔本华言之有理，他说："只有当一个人独处的时候，他才可以完全成为他自己。"[1]人生修为的一大难题就是"闹中取静"，做到了，就能把有限的时光最大限度地用在自己想做的事情上。

那段时间，我全神贯注于植物画的传统，临摹铜版画插图的经典片段，比如一朵花、一个叶片、一颗果实、一粒种子或是一种植物器官上某处细节的线条构成。

有时，我也认真翻阅以《柯蒂斯植物学杂志》为主的文献，学习一些博物画彩色图。经过一年多的学习和实践，效果尚可，逐渐适应了工作需要。不过这只是起步阶段，学习是永无止境的，必须贯穿工作实践的全过程。遗憾的是，这一阶段我临摹《柯蒂斯植物学杂志》风格所画的东西大部分都遗失了，只

---

[1] 见《人生的智慧》，这是 1850 年叔本华 62 岁完成的《附录和补遗》一书中的一部分。

剩 1962 年速写本里的几幅水彩：芙蓉、万代兰、茶梅、蟹爪兰、朱顶红、月季、龙船花、锦葵、杜鹃，还有用墨线临摹的莱佛士猪笼草。

随着植物志工作的深入，参与单位和学者之间的交流日益增多，有科研人员发现部分地区甚至是资深学者支持使用半透明的硫酸纸，直接把腊叶标本的形态用铅笔勾描拷贝下来，略加调整，再把花果解剖放大补在空白处，勾墨线后就是一幅合格的植物画。要求我们也效仿这一程序，以提高工作效率。

其实关于硫酸纸的使用，我在冯澄如先生的《生物绘图法》一书中早已拜读过，连同标本拓印法、反射投影法在书中皆占有一定的篇幅。我认为前辈在书中介绍已知的多种方法是必要的，

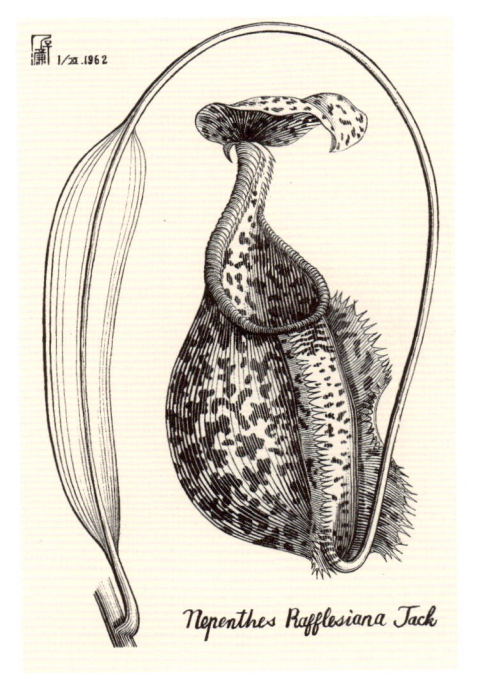

莱佛士猪笼草 1962 年
速写本　小毛笔墨线
由广州返回昆明后，夜间在图书馆参照一本德文版植物学著作进行的线条临摹习作

杜鹃花　1962 年
速写本　照相透明水彩颜料

龙船花　1962 年
速写本　照相透明水彩颜料

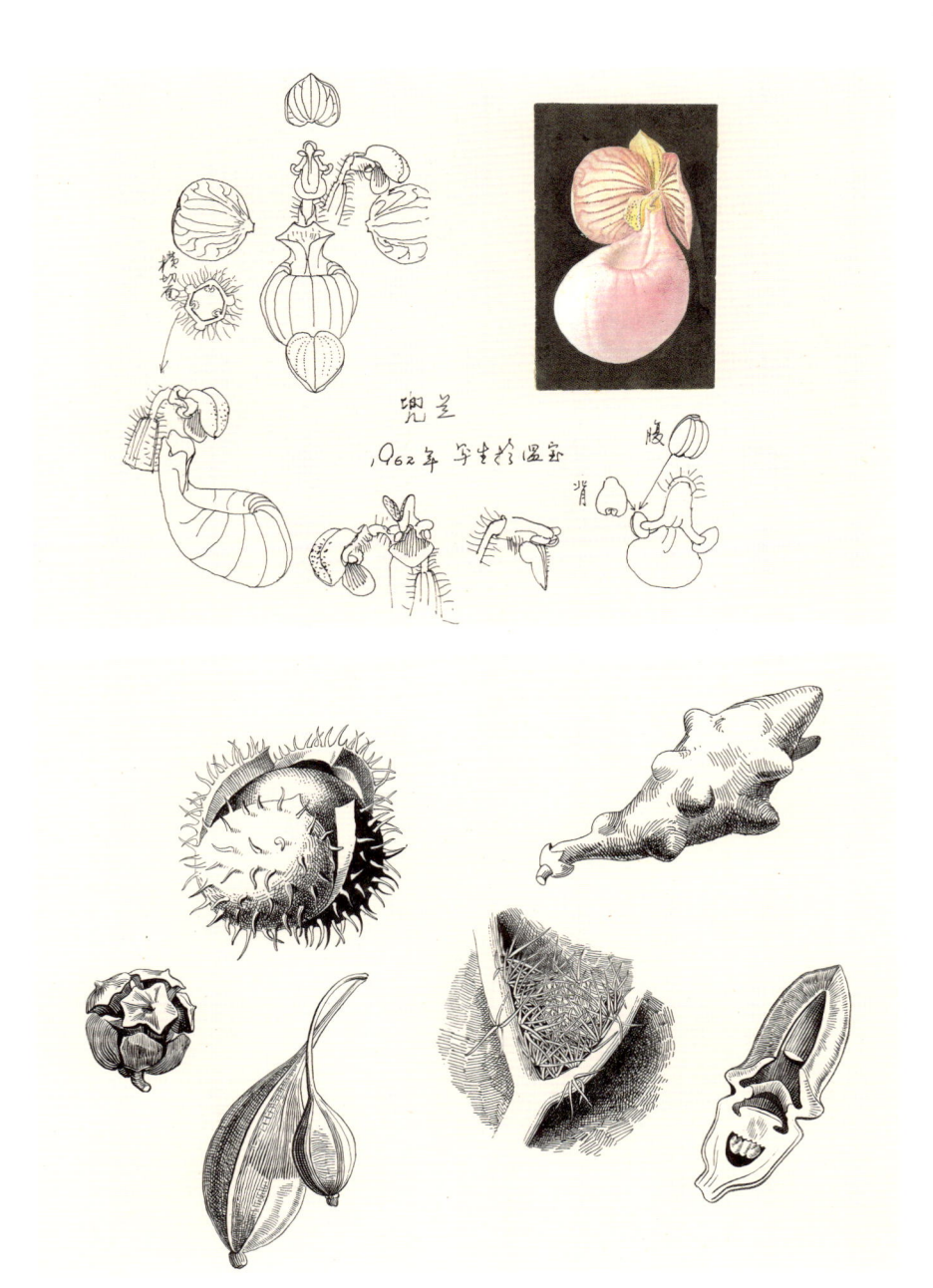

[上] 兜兰写生 1962年
速写本 照相透明水彩颜料＋钢笔墨线
[下] 植物果实与叶腋写生习作 1973年
速写本 钢笔墨线

[上] 花果习作　1973 年
速写本　钢笔墨线
[下] 真菌习作　1973 年
速写本　钢笔墨线

但其用意并非要求后人都如法炮制。问题在于部分有话语权的分类学家，出于时间紧迫的原因，担心插图滞后会影响论文发表或延缓工作进度，觉得此法快而实用，值得推广。在他们眼里，插图只是必要的补充和工具而已，与自己的研究水平无关，只要不出错即可。于是这一方法的推广进入了任务繁重的大单位，以及绘图力量单薄的部分地区。而对于忠于职守，愿以平生之力传承和发展这一实用性画种，尚在苦苦寻觅科学与绘画之间契合点的从业者来说，这无异于一种轻视。那意味着绘图员只需描图就可以了，比如腊叶标本上的叶片，不用起稿，直接用硫酸纸蒙上，中脉、侧脉、网脉、叶缘的锯齿都看得清清楚楚，用铅笔勾下来上墨，又快又准，何必费事？

植物标本是经典分类的依据，在植物采集、压制和上台纸的过程中，需要人为地取舍、位移和反转，以避免重叠，尽可能均匀平整。制成的腊叶标本经过脱水，大部分器官虽然可以长期保存，但已从三维变成二维，与原来的模样相去甚远。绘图员的职责恰好应该尽可能地恢复其自然姿态，还原植物的三维客观形象。

硫酸纸的使用还有一个弊端，就是助长了抄袭之风。把别人的东西蒙上，一描就成了自己的。事实证明，此类制作在后来的地方植物志甚至外文版志书中屡见不鲜。甚至于还有个别人把已故长辈的作品，复印放大，翻转180°用硫酸纸描摹后堂而皇之签上自己的名字，拿去市场炫耀售卖。也有人从工作的角度考虑，认为硫酸纸的使用不过就是一个方法问题，何必小题大做？我不能接受，我不仅是在维护自己献身的职业，而且认为这种方法直接拉低了《中国植物志》的整体质量，误导了年轻一代的插

[上]雪山茄模式标本
图片来源于中国数字植物标本馆
采集人：余德浚
采集时间：1938年5月
鉴定人：吴征镒、黄蜀琼
鉴定时间：1961年10月

[下]雪山茄
根据模式标本和不同生长期标本绘制的有花有果的《云南植物志》插图

吴征镒院士
中国科学院昆明植物研究所供图

匡可任

图工作者，甚至让他们以为历史悠久的博物画不过如此这般。

人生在世，不论能力大小、职位高低、分工主次，每个人的劳动价值都应该得到尊重。大树有大树的气派，小草有小草的尊严。我鼓足勇气，第一次单独向中国科学院学部委员吴征镒先生反映意见。我还记得我说的最后一句话是："我们大家都想把工作做好，如果都用硫酸纸，还要我们做什么？"吴所长耐心地听取我的阐述，微笑着说："我年轻时也和匡可任[1]先生一起画过一些植物图，理解你的想法。问题是，你有没有想过，怎样把干标本复原？"我回答："我们遇到困难的时候会到植物园去画写生，找近似类型的植物进行多方位的写生，记录叶片前后左右不同方向的透视变化，用作复原标本的参考。"他说方法是可以的，只是时间用得比较多。我当即保证我们一定会抓紧时间，不辜负

---

[1] 匡可任（1914—1977），植物分类学家。1935年在日本北海道帝国大学攻读林学，1937年全民族抗战爆发后，他毅然回国，参加了战区教师贵州服务团，又到云南腾冲中学教生物，后辗转到昆明黑龙潭农林植物研究所（中国科学院昆明植物研究所的前身）工作，在此认识吴征镒及其业师吴韫珍，遂转到中国医药研究所，参与了《滇南本草图谱》的工作，绘制了很多精美的插图。

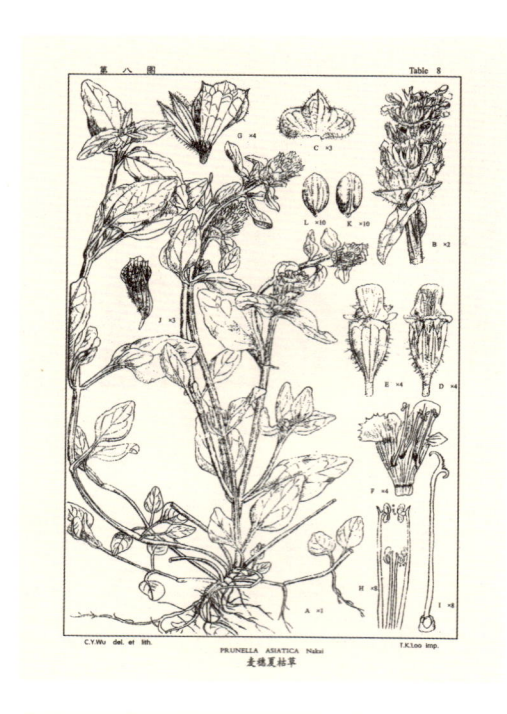

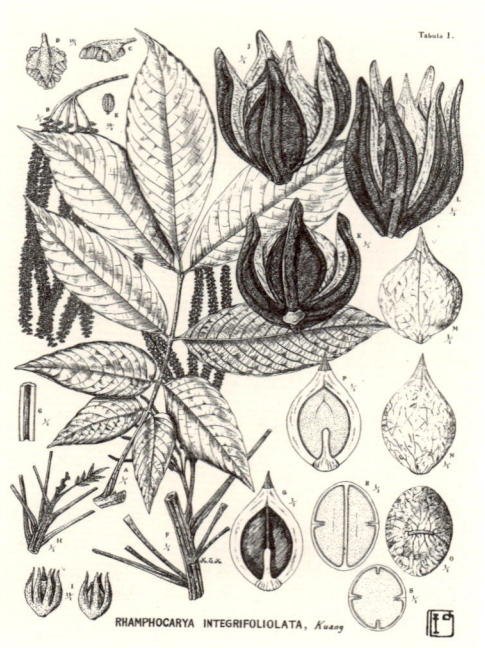

[上] 麦穗夏枯草 1943年
吴征镒绘
[下] 喙核桃 1943年
匡可任绘
《滇南本草图谱》插图

吴征镒先生小像 1987 年
纸本 素描+色粉

老师们的期望,画得多了,熟练以后工作效率也会提高。

吴老引用《战国策》中的一句话鼓励我们,令我受益终身。他说"宁为鸡口,毋为牛后",不要小看自己的工作,它非常有意义。人的成就不在于工作大小,在于做得好不好。鸡虽然小,它想怎样唱就怎样唱,当家作主,不居人后。牛再大,只能做拉屎的牛后,有何意思?

得到吴所长的首肯,昆明植物所绘图团队理直气壮地拒绝一切硫酸纸。在我任绘图室组长期间(我担任此职直至退休),从来没有向器材管理部门请购过一张硫酸纸。我所研究人员也从来不再叫我们描图。

世界各国编写植物志都是在考察植物种类、采集记录植物标本、建立标本馆和数据库的基础上集中编研的。物种的鉴定、系统演化关系的研究比较，不可能临时跑到原产地去寻找，必须是众多学者聚在一起共同编写。有花有果的腊叶标本就成了植物分类研究的依据。对绘制植物志的插图师而言，如果标本馆附近有与标本同种的活植物，哪怕辛苦劳累也力争去寻找活植物，对照标本，依据活植物的姿态进行绘制，力求准确生动。但是这种机遇是很难得的。绝大部分种类还是只能依据腊叶标本去复原其自然状态。复原的程度因人而异。相对而言，尽力而为。昆明植物所的标本馆，1958 年仅有 17 万份标本，不能完全满足编志工作的需要。到 2016 年已经增加至 150 万份，名列全国第二。我们的种子植物分类团队，在吴征镒院士的带领下，以极其严谨的科学态度和一丝不苟的程序逐步开展工作。进入绘图阶段，会凭据一种植物在不同采集地的多份标本分析对照，找出最典型的有花有果的标本为依据。我们的口号是"没有标本不画图"，哪怕有国内外完整的手绘资料也不能用，杜绝抄袭，做到无一叶无出处，无一花无根据。

吴老是全国经典分类的权威。和胡先骕、陈焕镛、钱崇澍这些植物学大家不同，他毕业于西南联大，没有留过洋。他献身科学研究，呕心沥血，集植物分类和系统研究之大成。《中国植物志》上马后，我们所最初承担的是唇形科的编纂，就是在吴老带领下，在周铉、李锡文、宣淑洁、黄蜀琼、黄咏琴几位老师的指导下展开工作。我们跟着这几位专家学，就这样一层一层带，从零开始，我们的每一点进步，都是在分类学家的直接指导下踏踏实实、一步一步走过来的。经过多年的磨合，我们的工作也得到专家们的认可。

那个时候的解剖都是以干标本为主。干标本都压干多年了，要用酒精灯放在烧杯下面，加水把它的繁殖器官煮软，还不能煮过了，过了它就烂掉了。煮到恰到好处之后，很小心地放到解剖镜的载玻片上。

解剖镜其实是显微镜的一种。显微镜按光路可分为三类：正置显微镜，用于观察切片标本、组织；倒置显微镜，用于观察活细胞、细菌、组织培养、悬浮体、沉淀物等；体视显微镜，用于观察大体标本。体视显微镜就是我们绘图员使用的解剖镜。解剖镜跟一般使用的显微镜不同，它的成像是立体的；一般显微镜是平面的，放大倍数比解剖镜大。

我们用解剖镜重点观察被子植物的生殖器官，弄清花的构造和形状，包括萼片、花冠、雄蕊和雌蕊，尤其是花丝、花药、

分类室部分同仁合影　1960 年
前排左起：宣淑洁、黄蜀琼、李锡文、曾孝濂
后排左起：王守正、前来我所进修的三位年轻人、陶德定、余彩、邱大爹、尹文清

子房、花柱、柱头的形态，最后剖开子房，仔细观察和记录胚珠和胎座的结构和类别，并请专家过目。解剖后的各部器官展平压干以后要排序在小卡片上，置于统一的纸袋内，固定在标本的规定位置，以供后人观察验证。

不用硫酸纸，没有标本不画图，这是我给我们昆明植物所绘图组立的两条"规矩"，都得到了吴老的支持。至今我们仍然感激吴所长和各位分类学老师的理解和支持。

植物学家用文字来描述植物的形态特征、亲缘关系，核对模式标本，查证地理分布、生态环境，然后把它们分门别类系统化，他们的终极目标是研究植物的亲缘关系、系统关系。我们是用形象的语言来表述，把植物的分类特征用绘画的形式画清楚。全世界的植物志都是图文并茂的，文字阐述形态需要费很多口舌，图像却可以一目了然，比文字更直观，是不可或缺的组成部分。

为植物志画了半辈子插图，我的植物学知识是碎片化的，不成体系。吴老那句话对我影响非常大：宁为鸡口，毋为牛后。

在绘图组办公室

我喜欢我的工作，甘愿一辈子为科研服务。学习专业知识固然重要，它是工作的先导。但是，我的主要精力必须放在画画上，画画才是我的安身立命之本，它的学习实践过程永无止境，哪怕耗尽毕生的精力都不够用，我不可能也没有必要用大量时间把植物学知识系统化，充其量只能说略有一点专业知识而已。

昆明植物所的绘图团队在每一个学习阶段，都没有偏离自强不息的取向。从唇形科编绘工作开始，到"文革"期间的"523"任务，我们从理念到技巧完成了夯实基础的过程。

我每天三点一线，往返于标本馆、植物园、图书馆之间；工作三部曲：临摹、写生、创作。临摹是学习传统，即学习前人的成功经验与技法；写生是观察，记录植物的原生态，收集素材；创作就是复原腊叶标本的实践，循环反复，乐此不疲。

与此同时，我最大限度地利用业余时间，包括周末，与同事相约一同补习绘画基础，主要是素描和色彩方面的练习，从易到难，从简到繁，主题包括静物、风景、石膏头像，材料有铅笔、炭棒、水彩、水粉、油画，都过了一遍。我们绘图组的成员在工作中经常交流，技法方面也会彼此交换意见，互相借鉴。

我担任绘图组组长时，对年轻人的绘图指导实际都是在一张张图版的绘画过程中完成的。重点在构图，包括画面构成、植物生长姿态的复原、透视规律的把握以及线条组合、色彩协调等方面。通过直观的演示和互相点评，大家在实践过程中取长补短、互相促进。同时我也鼓励保留个人的审美情趣，在科学性的前提下，培养个人的艺术特色。把握植物分类特征的准确性，主要还是由研究人员指导。

年轻人刚来，我会让他们先练线条，用一个星期的时间，

泡桐 1976 年
纸本　钢笔墨线
1975 年为《中国植物志》绘制的木棉图版（包括木棉、长果木棉 2 个种），1976 年绘制的泡桐图版，都是典型的欧洲古典铜版画风格的黑白科学画

瓜栗　20 世纪 70 年代
纸本　钢笔墨线
以平行线为主的科学画

每天练习画平行线，训练手不抖。每条线间隔 0.5 毫米的距离，不碰头。先画直线，然后画曲线、波折线，再画圆弧线，练完了就教他们怎么用线条表达一个叶片、一个果。平行线的练习并不困难，差不多两个星期就能掌握，但是运用在造型上就不是一年两年的事儿了。平时，我也要求他们每天练 10 分钟平行线，不能用交叉线。极少数局部如果使用交叉线，也要与植物的结构相适应；画多毛的植物时，会破例使用密度适当的交叉线线条；对密度高的茸毛或星状毛，应以打点的方式来表达；对刚毛、长柔毛和绵毛仍然需要用刚柔曲直有变化的线条区别对待。

组里有个很有个性的年轻人，叫张宝福。他画得不错，曾

木棉 1975年
纸本 钢笔墨线

师从云南名家唐志刚学习素描。练得多了，张宝福也自信起来，向我提议来场比赛画平行线，组里不管是老师还是学生，都要参加。比赛规则很简单：用毛笔在4开的绘图纸上画平行线，不限角度，平行线距离越近越好。我说行，考官由张宝福担任。组里面，我、肖溶、李锡畴都算是老师辈了。肖溶画功扎实，比年轻人还是强很多，平时工作没问题，可是被学生一考，就紧张了，平行线会"打架"。李锡畴也紧张。那天，张宝福比肖溶画得好点儿，略胜一筹。不过，他没考住我。我随时能静下来，不受外界干扰。

我对年轻人是比较严厉的。画不好，我会和他们一道想办法改进；拖拖拉拉，我会严肃批评。技术上的问题平常大家一起努力，但一定要抓紧时间完成任务。年轻人还没有上路的时候，我得负责任。上了正轨之后，要提倡发挥各自的特点，形成个性化的绘画风格。

1980年新标本馆建成。三楼绘图室大概有100多平方米，

绘图组的同事们在工作
中国科学院昆明植物研究所供图
从前至后：杨建昆、李锡畴、马建生（进修）、吴锡麟

当时我们组里有5个人，基建部门征求我的意见，要不要把办公室分隔成5个小房间，一人一间。我坚持说不需要分隔，我们就要大房间，大家在工作的时候可以互相交流，互相借鉴。

当时的有利条件是大家都住在昆明植物所的宿舍，都有共同的爱好和愿望。遗憾的是，凌崇毅、王立苏、谢良友、李碧璋都先后离开了昆明植物所。之后，肖溶、李锡畴、陈荩香、王利生、蔡淑琴、吴锡麟、杨建昆、张宝福、王凌又陆续加入了我们的团队。除我以外，其中一直坚守到退休的还有肖溶、李锡畴和杨建昆。吴锡麟未到退休年龄就病故了。王凌年轻，现在还在标本馆工作，画了不少优秀的高山植物作品。如今看到他们的画，我还常常想起当年的学习氛围，大家一起同甘共苦的日子值得怀念。

世事如棋，人海茫茫。当初我懵懵懂懂来到昆明植物所或

昆明植物所绘图组成员合影　1980年
中国科学院昆明植物研究所供图
左起：杨建昆、李锡畴、张宝福、陈荩香、肖溶、吴锡麟
1980年10月，参加在北京自然博物馆（现国家自然博物馆）举行的第一届全国植物科学画画展期间，昆明植物所绘图组成员于北京八达岭长城合影留念

中国科学院昆明植物研究所内的所训石碑

许正是命中注定。我越来越相信无论你走到哪里，那里就是你该去的地方；无论你遇见谁，那都是你该遇见的人。在人生的旅途中，每走一步并非都是预先设计好的，要学会珍惜和把握生活中的不期而至，看似偶然的相遇相知，或许会决定你的志向、观念和人生。你会心甘情愿地为之付出和拼搏，尝尽人生百味而又淡定从容，一切仿佛都是顺理成章而又自然而然。

谁曾想到少年无知的我会成为蔡老、吴老的麾下？谁又曾料到与蔡老共同筹建云南农林植物研究所的龚自知[1]先生竟是我祖父的朋友。龚自知手书的"原本山川 极命草木"被正式确定为昆明植物所所训以后，因原石碑已丢失，所领导决定在离1号门不远处的十字路口修建约7米长、2米高的所训墙，把这8个大字庄重地布局在墙上。这一光荣的任务又落到了我的肩上。我

---

[1] 龚自知（1896—1967），云南大关人。1928年起，任国民政府云南省政府秘书长、教育厅厅长。1935年受龙云委托，创办《云南日报》，任常务董事。1938年与北平静生生物调查所合作创建云南农林植物研究所，并题词"原本山川 极命草木"所训。

根据石碑的照片尽可能精准地按照原字体放大，布局在碑石最恰当的位置上，由最好的石刻工匠把每一笔画的风骨刻录下来，彰显了所训的庄严。

第二章 动乱年代

动乱年代

每个人在"文革"这场大风大浪中的境遇各不相同。祸兮福之所倚，福兮祸之所伏。我福祸皆至，两喜一忧。一喜是入选"523"任务，没有中断绘图的工作，还领略了大自然的鬼斧神工；二喜是天赐良缘，与同事张赞英终成眷属；忧的是逞一时口舌之快惹火烧身，自己承受了巨大的压力，还殃及家人。

1966年,"文革"开始。姚文元开了第一炮,写了《评新编历史剧〈海瑞罢官〉》一文,没想到第一炮就把我最敬重的老领导蔡希陶[1]牵扯进去了。

蔡老身上有一种亲和力,平易近人而慈祥幽默。知遇之恩,没齿难忘。这样的好人怎么一下子就成了罪人呢?

我清楚地记得,昆明市中心百货大楼的高墙上,巨大标语从顶层悬垂到地面,以每字超过1平方米的面积写着"打倒我省最大的反革命修正主义分子蔡希陶"。"蔡希陶"三个字打上了三个大红叉,周围贴满了各式各样的大字报,群情激愤,口诛笔伐,大有泰山压顶之势。毛主席亲自批示"《海瑞罢官》要害问题是'罢官'二字"。难以置信,有人揭发"罢官"二字是蔡希陶加上的。彼时蔡老已年逾半百,却要经历一场生死的考验。作为他的崇拜者,我唯一能做的只是暗中为他祈祷。所里很快形成了各种各样的战斗队,批判当权者和反动学术权威。吴征镒、浦代英、蔡希陶、周俊、周光倬、唐耀……都进了牛棚。不久,"工宣队"进驻了昆明植物所。

动乱期间,我本属于"黑五类"的子女,又被冠以走资派的"红人"和"保守派"之称,既不敢和造反派对抗,也从未揭发过走资派的"罪行"。批斗走资派的时候,偶尔要我站起来陪斗,有时写一写检查,倒也没有遭到太多磨难,只是被列入另类,身处逆境,对很多事困惑不解而已。

---

[1] 蔡希陶(1911—1981),浙江东阳人。1930年,蔡希陶进入北平静生生物调查所任实习生。1938年5月,云南农林植物研究所在昆明北郊黑龙潭龙泉公园内挂牌成立,蔡希陶兼任公园经理。历任昆明植物研究所副所长、所长,兼任云南省科委副主任、中国科学院昆明分院副院长。1959年,在西双版纳的葫芦岛筹建了中国第一个热带植物园。蔡希陶先后主持了野生橡胶资源的考察、橡胶宜林地调查、云南野生植物资源调查及利用的研究,取得一批与国计民生密切相关的重要成果。

那时，研究工作基本停滞，无休止的大字报和批斗会，不知何时是尽头。忽然好运降临。1967年秋，"工宣队"领导找我谈话，决定让我参加"523"政治任务，这是对我的考验，必须无条件服从，老老实实完成。

20世纪60年代中期，美国入侵越南，越南人民奋起反抗。其间恶性疟疾在热区[1]流行，原有特效药奎宁因抗药性问题已失去作用，我国赴越部队发病率甚高，极大地影响了战斗力。中央领导对此非常重视，批示加快研制抗疟新药。1967年5月23日，由解放军总后勤部和国家科委牵头，会同卫生部、中国科学院、中国医学科学院等单位共同承担研制项目，代号"523"任务。国务院成立了"523"办公室组织领导此项工作，数十家地方和军队的科研、医药单位组成了攻关工作队。

我被选中参与这项任务的绘图工作，是莫大的幸运。此后五年多的大部分时间里，我都在与越南、老挝、缅甸接壤的边境林区度过。先是参与考察和采集标本样品，再根据实验室筛选出的种类名单进行实地写生，最后将图稿和文字资料编印成册，交给部队试用验证。在"523"任务中，最后筛选出一种疗效显著的菊科植物黄花蒿，其有效成分青蒿素经过临床和病理实验得以确认。多年后，改进过的青蒿素被世界卫生组织认为是治疗恶性疟疾的特效药。

同时下达的还有编绘《热区野菜图谱》和《热区骡马代用饲料图谱》两项任务，以提供在后勤保障缺失的情况下，战士和军马在丛林中寻找野生植物维持生存的可能。

---

1 "热区"是当时有关部门对恶性疟疾流行地区的非正式简称。

"523"任务是我真正意义上进入和体验大自然的初始。以前去的保护区、沟谷林、野象谷都是旅游景点，有路有桥，悠哉悠哉。广袤的原始森林阴森幽暗、潮湿闷热、无路可循。随队进入其间，用砍刀开路，寸步难行，不得不谨小慎微，往往大汗淋漓，无所适从，纵有奇花异木也无暇顾及。好在森林是天然的蓄水库，有林必有水，蹚着山间的溪流走是最好的选择，既省时又省力，还可以减少旱蚂蟥的叮咬。不过，走水路也要历练，水中的石头长有青苔，找不准落脚点很容易滑倒，轻则湿了衣服，重则伤筋动骨。

　　如果是大雾天进林子，则是另一番景象。干季的森林，几乎每天都有雾。雾气随着夜幕悄然而至，直到次日上午 10 时以后才逐渐散去。干季雨水少，雾是重要的水分补充。置身雨林，就像处于濛濛细雨之中。叶片上的雾珠凝集成水，顺着长长的叶尖往下滴沥。树干也是湿漉漉的，上面吸饱了水的苔藓显得格外青翠。远处什么也看不清，朦胧之中一片空茫，只有虚化的树影时隐时现，让原本就是秘境的雨林显得更加神秘莫测。

　　森林中最幽深的地方，密不透风，暗若黄昏，抬头望不见天空，甚至连斑驳的光点也看不到，全被枝叶遮盖了，可见植物间的生存竞争是何等激烈。为了活命，它们要么尽其所能去争夺有限的阳光，要么进化出耐荫的习性，除此以外定遭淘汰。

　　雨林的上层树种，望天树、龙脑香等凭借基因优势，鹤立鸡群，树冠形成五六十米高的顶盖，充分享受阳光。其他大小乔木则依次占领中下层空间。

　　为防止暴雨冲刷，很多大乔木的树干下段会长出放射状板根，把高大的躯干牢牢支撑住，以防止倒塌。榕属植物则从枝干

"523"任务参与绘图的手册及插图展示
从左至右，从上至下：
《疟疾防治中草药选》封面　腰果　盐酸树
《热区骡马代用饲料图谱》封面　马钱子　剑叶龙血树
《热区野菜图谱》封面　油瓜　树菠萝

第三章 动乱年代

西双版纳生态景观 1972 年
纸本 中国画

上长出大量气生根不断向下延伸，一旦伸入土壤，就迅速成长为粗壮的支柱，确保枝干不断向外扩张。这一类植物的种子，可借助鸟类等各种小动物传播到其他树种的树干上，萌发小苗之后，气生根同样疯狂生长，只要接触土壤，便膨胀为网状枝干，纵横交错，把附主树捆绑得严严实实，自身的枝叶也迅猛扩张，要不了多久，就会让老树窒息而亡，自己取而代之。这就是热带雨林中有名的绞杀现象。

这些树还有一个本领，就是把本应长在枝头的隐头花序（即无花果）改生在矮处的老树干上，原因是隐头花序必须要一种特定的昆虫榕小蜂钻进去传粉，而这种昆虫只在林中的下层空间活

动，为了繁衍后代，于是乎把开花结果的地点挪到了下面枝干上，这就是老茎生花的由来。

为争夺阳光，雨林中的植物可谓八仙过海各显神通。藤本植物没有直立的主干，它们就进化出攀援和缠绕的本领。所有的植物都有趋光性，藤本植物则更胜一筹。只要光源方向有载体，它就能找到支撑点，比载体爬得更高、更快、更远，一直爬到有阳光的地方，在那里长出枝叶来，夺得一片属于自己的领地。

最典型的是省藤，浑身利刺，茎长可达200米。一旦爬到树顶，立即长出浓密的叶片覆盖在其他植物的树冠上。它那满身的利刺，连猴子和蛇都不敢惹，其他生物更是奈何它不得，只有人会将它整株拽下来，把茎干分解成藤条，制作家具。还有一些大型木质藤本，如扁担藤、油麻藤，它们爬到大树顶端又从上面悬垂下来，有如巨蟒舒卷翻腾，气势如虹，构成热带森林的特殊景观。

至于众多的草本植物，它们既无高大的身躯，又无攀援的本领，为了生存，便进化出附生的习性。由于种子或孢粉细小到能随微弱的气流四处传播，只要落在树干的缝隙里就能生根发芽，树干上的落叶、尘土等残留物足以满足它们的营养需求，而树干的高度又不乏阳光照射，于是树干就成了它们的居所。和寄生植物不同，它们不向树干索取养分，仅仅是附生而已，形象地说，就是"只住不吃"。在林子里，数十种附生植物，一簇簇、一串串地悬挂和包裹在大树干上是常见的事，特别是在开花季节，多姿多彩，美不胜收，其中最美的要数种类众多的兰科植物和形态各异的蕨类植物。

雨林的下层是一些动不了窝又爬不上树的大叶植物，最有代表性的是芭蕉和海芋，它们进化出硕大的叶片，用超大的面积来增加对弱光的吸收。

还有几种罕见的寄生植物令人过目不忘，它们的共同特点是没有叶绿素，完全依赖寄主植物而存活，即使没有阳光也活得很自在。一种是蛇菰，乍看像蘑菇，细看有叶有花，鲜红如血，当地人用作补药。一种叫寄生花，没有叶片，孤生一花，坛状，花瓣平展如盘，鲜红色，密布白斑，有难闻的气味。还有一种叫水晶兰，要凉爽一点的森林中才有，晶莹洁白，半透明，幽暗中发出瘆人的白光，又叫幽灵草。

森林环境的多样性为动物提供了理想的生息场所，故有人

寄生花　2017 年
纸本　丙烯颜料

球果假水晶兰　2000 年
纸本　丙烯颜料

阳光雨露　记写西双版纳林缘所见　2019 年
中国画
题词：数年前于勐腊自然保护区偶见蛇菰和牛肝菌同长于树下，欣欣向荣，各得其所，至今记忆犹新。此图根据当年速写及照片资料所作，乙亥年大雪补记

把这里称作"动物王国"。亚洲象和野水牛在我国仅存于这一带，猴类、水鹿（当地叫马鹿）、黑熊、印支豹、野猪、穿山甲等时有出没，不过这些动物种群数量不多，加之十分怕人，白天很难见到，唯有夜间能感知它们的存在。倘若在林区露宿，篝火会把附近的动物吸引过来，它们不敢靠近，只见四周闪烁着幽灵似的目光，打过猎的人能根据目光的大小、颜色判断动物种类，在我看来只像是光亮强弱有别的一对对晃动的手电筒而已。

白天唯一能见到的是猴子，若是远处树冠晃动，十有八九是猴群在活动，如果枝叶沙沙作响，就是猴子来了。我在林中写生时，不止一次遇到猴子捣乱。它们见我孤身一人，会逐渐靠拢过来，胆大的还会在我头顶的大树上摇动树枝，叶片纷纷落下，弄得我无法工作，我只有拣几块鹅卵石回敬过去。没想到它们撤退也很快，枝叶摆动几下就不见了，不过隔一阵还会回来。

常言道，深山出俊鸟。这里的俊鸟实在太多了，有绿孔雀、犀鸟、白鹇、鹦鹉、山椒鸟、红耳鹎、红翡翠、太阳鸟、织布鸟、原鸡等，不胜枚举。很多鸟我叫不出名字，更多的是不见其鸟，但闻其声，听到的比看见的还多。每天早上天不太亮，各种鸟叫声交织在一起就像交响乐，但是又分不清是谁在叫。遗憾的是，鸟类见人就躲，不让你仔细观察就飞走了，不怕人的只有织布鸟。

有一段时间住在边防军的营房里，我发现附近有一群麻雀大小的鸟在做窝，我利用每早"天天读"的时间，连续好多天带着"红宝书"溜出来看鸟。它们把巢筑在一棵长满硬刺的大树上，人根本不敢碰那个刺。只见数十只鸟上下穿梭飞来飞去，往上飞的鸟都衔着一条长线。原来，树下的白茅草就是它们的建筑材料，它们把1米多长的叶子啄开一个口，衔住被切断的叶筋往上一拽

黄胸织雀 1994年
纸本 丙烯颜料
2024年该作品被人民教育出版社《义务教育教科书 科学》（四年级下册）收录为教材插图

就是一条坚韧的植物纤维。先把这些纤维结结实实地缠绕在树枝上，绑紧以后扩大成一个圆环，环形骨架，骨架两侧再扩成碗状圆球形，球体较大一侧封闭，另一侧接一个朝下的一尺多长的管状通道，再稍加修饰，一个精致的鸟巢就完成了。这应该是雌鸟产卵的巢，雄鸟巢则简单得多，呈吊钟状，下有一横档，不封底，仅能遮风挡雨。每一个巢好像是由一只鸟包干完成的，众多的鸟加起来就营造出群体的家园，百十个巢悬挂在一棵大树上，疏密得当，错落有致，如人间村落。令人惊讶的是这些鸟巢都是按一个蓝图建造的，雌雄鸟巢的模式高度统一，只是大小肥瘦略有差别。它们工作起来专心致志，我已经凑到跟前它们也不躲避，以至于我能看清它们喙与爪的灵巧配合，从就地取材到穿针引线、捆绑打结都尽收眼底，它们简直是鸟类中的建筑师。

　　鸟也有吓人的时候。有一次在林中写生，四周一片寂静，耳畔突然响起一连串洪亮而粗粝的叫声。声音从不远处传来，但什么也看不见。我正在四处张望，又传来粗粝的喘息声，十分瘆人，令我胆颤心惊。我推断只有大型兽类才有如此大的肺活量，莫非今天遇上了？我们的人远离此地，还没到与我会合的时间，一个人肯定无法应对可能发生的危险。我想逃跑，可跑得了吗？而且还可能引来更大的麻烦。正在不知所措时，又听见拍打翅膀和撞击枝叶的声音。莫非是大鸟？我提心吊胆地移向发出声响的地方。透过层层树叶，果然隐约看见一只黑色大鸟，喙部硕大，呈镰刀状——是犀鸟！没想到犀鸟居然能发出如此响声，太不可思议了。我回过神来，发现浑身已被汗水浸湿。明明是自己虚惊一场，却

［右页］冠斑犀鸟　1996 年
纸本　丙烯颜料 + 水彩

Anthracoceros malabaricus

像是终于得救了一般，心存感激。

林中昆虫数量惊人，比比皆是，恶名昭著的是"马家四兄弟"。

蚂蟥是"四兄弟"之首，其实蚂蟥属于环节动物，不是昆虫，但人们习惯把它和昆虫放在一起。蚂蟥以吸血为生，吸血时让人毫无感觉，吸饱逃逸后，创口仍出血不止。穿越热带丛林，想不被蚂蟥叮咬几乎是不可能的事。我们是有备而来，配备了防蚂蟥的布袜子，然而布袜子只能护住腿脚，它会从领口、袖口、裤裆而入，令人防不胜防。但当地少数民族同胞对蚂蟥视若等闲，他们进林子只穿一条短裤，腰间佩挂竹篓腰刀，脚穿塑料鞋，行走间不时用腰刀像剃胡子一样把身上的蚂蟥刮掉，当然他们也难免被叮咬，不过被咬的次数比我们少得多。穿行旱蚂蟥多的灌丛和草坡时，动作越快越好，停留片刻就惨了。较严重的一次，我因采标本耽搁了一会儿，造成多处流血，睡觉前数了一下，竟然有42个出血点。这个数我一直记得，但后来出版《云南花鸟》的时候，老伴儿劝我别太吓唬人，让人不敢去西双版纳，所以我在后记里改成了"27"个。

蚂蚁是"四兄弟"中的庞大群体，种类繁多，无处不在。有一次我爬上一棵大树采样品，有两只蚂蚁见了我回头便跑，莫非怕我不成？正在纳闷儿，大量蚂蚁出现了，上面的树干刹那间变成棕红色，它们排成数十路纵队自上而下向我爬来，我知道大事不妙，赶紧胡乱掰断些爬了蚂蚁的树枝扔下去。还没等我往下爬，一阵阵刺痛从手臂、脖子一直漫延到肚皮，我腾出一只手拍打几下，无济于事，只有咬牙忍痛以最快的速度逃离现场。落地以后，脱去上衣，成片的蚂蚁仍咬住不松口。被咬过的地方又红又肿，火辣辣的灼热感两三天后才逐渐消退。

马蜂是"四兄弟"中最狠的，遭遇的概率不高，但一旦遇上危险性更大。往往是不经意接近或触碰到蜂巢而招惹攻击，轻则蜇你两下，重则倾巢出动，让人无处逃遁。我们一个同事无意中踩到一种在地表筑巢的大马蜂，仅被蜇两下就住进了医院，腿肿得像水桶一样，治疗时只能把裤腿剪开。

最后一种是马鹿虱子，据说它吸血时会把整个头部嵌入遇袭者皮肤，稍微处置不当其头部就会留在肉中，红肿、溃疡可达半年之久。我很幸运没有领教过，躲过一劫。

与"四兄弟"齐名的是蚊子，蚊子是世界性害虫，只不过这里的蚊子更凶恶，一叮一个包，奇痒难当，吸了血还传播疾病。好在我们配备了驱避剂，白天多抹药，夜间挂蚊帐，没有染上疟疾已算万幸。

热区蛇多，名不虚传。与蛇相遇是常有的事，不过，不论大小，也不管有毒无毒，只要距离3米开外一般没事，惹不起避开就是了，多数情况下，它也会避让。怕的是近距离发现，短兵相接，猝不及防。有一次我们从陡坡上过路，下方树上盘有一条3米多长的眼镜王蛇，可能正在此"守株待鸟"。树干斜伸过来，我们经过处距蛇头不到1米，早已在它的攻击范围以内，骤然发现，无不惊恐，慌忙躲闪。

虫蛇之类虽令人畏惧，但任何生命都是经过千百万乃至上亿年的演化才造就的，其存在有天然的合理性，它们也是生物链上的一环，对维持生态平衡是不可或缺的。再说它们并没有跑到我们家里来，而是我们去侵犯它们的领地，被叮咬几下也在情理之中。何况不吃点苦头，鲜活的感受就是不完整的，没有畏惧之心，哪儿来的敬畏之情？

雨林野外工作照
这幅照片是 1982 年在勐腊参加西双版纳自然保护区考察队时所摄,执行"523"任务时就是这样进行野外工作的

　　我在热带雨林的每一天都处在高度亢奋之中,由战战兢兢到惊奇赞叹,由一无所知到略有感悟。大部分实地写生是我独自一人留在雨林深处完成的。每天早晨,我带着画箱随考察队出发,有需要画的植物,就留下来干活,直到下午考察队原路返回时随队而归。一个人在陌生的野性世界一待就是大半天,没有路,连方向也分不清,既是巨大的考验,也是天赐的机遇。

　　精妙的群落结构,宏大的生态景观,迷幻的云雾,透过浓密树冠洒落下来的一束束光影,都强烈地激发着我"画下来"的热情。只是此时此刻任务在身,当即我就下定决心,有生之年一定要重返雨林,来画这里的树木花草、飞禽走兽,而且要用中国画的形式来画。

　　人认识自然,总是从局部现象和细节开始。任何一个生命个体都包含着宇宙的无穷信息,尽管我们的认知肤浅,不能解读信息之万一,但仅就生命现象的智慧和神奇,就已经可以领略到造物者鬼斧神工的创造力。生机勃勃的绿色世界让我感悟到物竞天择、适者生存的真谛。植物、动物、微生物,无数的生命个体

1966 年在红河哈尼族彝族自治州河口瑶族自治县考察期间

交织在一起，相互竞争而又相互依存，经过漫长岁月的磨合，构成各式各样的生态网。每一个生命都有相对平衡的生存空间，犹如一个交响乐队，各自发出自己的音响，所有音响合成一曲和谐的生命之歌。

人不是自然的主宰，也不是清高的旁观者。人源于自然，依赖于自然。沉浸于自然之中，与之共鸣，世俗的烦恼与纠葛，都成了过眼烟云。生命之气浩然同流，那些平凡而奇妙的音符，也许会跳荡在人类的脉搏中。

当雨季来临，森林里不能工作时，我们只好返回故里，又回到"文革"的动荡现实中。不过也有例外。有的植物雨季才开花结果，运气好时，我们在雨季也会重返雨林。

说起来，我和西双版纳的缘分在参加"523"任务之前就开始了。那时随分类室的老师去过几次，分别是和宣淑洁、黎兴江、李恒老师同行，但是时间较短，没有深入到未开发过的原始森林。每次都得到蔡老的关照，也交了几个好朋友。陶国达，勐仑植物园标本馆的功臣，引种驯化能手，野外工作经验丰富的探险家。

雨林小景 1982年
纸本 水粉
第84页的工作照中所画的就是这幅作品。在森林中不能用水粉、水彩。画着画着雨林里就会起雾，雾过以后都是白点，画就基本不能用了。这是难得留存下来的一幅水粉画，画面上仍有依稀的白点

我曾经做过他的助手，大热天挥汗如雨，仅穿一条裤衩，在竹林中挖竹鼠，抓水蛤蚧，捉洞中的穿山甲。小顽童谭家昆对我十分友善，一同在罗梭江游泳，他水性比我强，一次他恶作剧潜入水中按住我的双脚，让我呛了几口水，事后被蔡老狠狠训斥一顿。我们俩都是蔡老的追随者，如今他也成了小老头，提起往事倍感亲切。刀林昌，基诺族壮小伙儿。曾在雨林中遇到一头水鹿，孤身一人奋起直追，凭一身蛮力生生把水鹿累得瘫倒在地。

当时正值困难时期，天上飞的、地上跑的、水里游的，逮到就算自己的，野生动物保护意识极差，所幸这段历史已经成为沉痛的教训永远成为过去。

1976年初，已是"文革"后期，植物志的工作逐渐恢复。文字先行，绘图工作还未全面展开，我们获准举办一次难得的练兵活动。我带领我们绘图组的肖溶、吴锡麟，勐仑植物园刘怡涛、彭欧嘉，四川生物所马建生，一同到西双版纳写生。当时以夯实基础为主，碰上什么画什么，内容包括植物、动物、人物、风景，风格包括素描、白描、钢笔、水粉、水彩、油画，形式不拘，各行其是。那是最放松的一次采风活动，大家乘兴而去，尽兴而归。

20世纪80年代初，我又有幸参加了勐仑热带植物园张家和老师担任领队的热带雨林季雨林生态考察，有机会在沟谷雨林中搭帐篷过夜，再次领略了西双版纳的神奇和壮美，加深了创作意象，留下了不少白描和色彩写生手稿。

参加"523"任务在我心里种下了雨林梦——用我自己的方式去画雨林，从那时起就成了我心底最渴望完成的梦想，一直到现在，依然在逐梦的路上。

或许是"天意怜幽草"，好运再次降临。有一次我在从康复

[上] 在西双版纳热带植物园　1966 年
[下] 云南西双版纳自然保护区考察队队员合影　1982 年
　　　前排左二为张家和，左三为曾孝濂，左五为陶国达

[上] 雨林深处的水鹿母子
纸本 水粉
[下] 穿山甲 2020年
纸本 丙烯颜料＋水彩

勐腊街头 1962年
速写本 钢笔墨线

狐尾龙舌兰 1962年
速写本 钢笔墨线

人物素描写生 1976年
纸本 炭笔

西双版纳风情组画 1976年
纸本 油画

大卡榕树写生　1989 年
速写本　钢笔墨线

火焰花写生　1989 年
速写本　钢笔墨线

[左] 露兜树写生 [中] 芭蕉写生 [右] 果园的小竹棚和芭蕉花解剖写生 1989 年
速写本 钢笔墨线

医院回昆明植物所的路上，偶遇植物园职工张赞英。我们虽是一个单位的同事，但不在同一科室，接触不多，两人一路漫谈，无拘无束，倒是难得的放松。

赞英是北京人。1959 年昆明军区政治部国防文工团话剧队到北京招学员，她入选后，来到云南，随后又成了云南人民广播电台的播音员。1963 年，她调入昆明植物研究所植物园工作，跟随做山茶花研究的夏丽芳做野外考察，跑了云南很多地方，刻苦学习专业知识。

我和赞英在"文革"中的处境类似，都是被造反派排除在外的人。同是天涯沦落人，相逢何必曾相识，孤寂的心灵需要慰藉。我感觉她性情随和，对我也很亲切，就邀请她有空去我那里坐坐。我"文革"前就没有住集体宿舍，一个人留守办公区副号标本室旁的小屋内。第二天傍晚，她果然来了，说的都是家常话，双方轻松自如。也没有零食招待她，就一杯白开水而已，过后我把她送回集体宿舍。来来往往之间，我们渐渐成了无话不谈的朋友。终于有一天，我主动问她："你有男朋友吗？"她沉默片刻，摇摇头。从那一天起，我似乎就多了一份责任，有了一种念想。

不久，我接受"523"任务到边疆出差，其间意外收到她的一封来信。信中说由于两派武斗已经进入我所后山，出于安全考虑，允许职工回家暂避。她已经决定回北京，并把她家人的姓名、工作单位全都详细告诉了我，包括父母、兄弟姐妹的联系方式，让我必要时可以去找她。顿时一股暖流涌上心头，她分明已经把我当作自己的家人看待，家的感觉又回来了。今生今世我一定要执子之手，与子偕老。

野外工作结束，我一回到昆明就向"工宣队"请了假，带上仅有的两百多块钱，买了一张火车硬座票就上北京了。到站时，

赞英在植物园

1967年与赞英在天安门前留影

赞英在做山茶花授粉

她和三弟在站口接我。当时已经是大冷天了，我临时买了一件棉袄穿上。这是我第一次到北京。

她家住在天安门东侧的南池子大街飞龙桥胡同 22 号，紧挨着劳动人民文化宫的大红墙。赞英的父亲张惠林曾经是北京市东城区人民代表大会常务委员会委员、东城区工商业联合会副主席，1957 年被错划为右派。母亲刘国珍在社办企业工作，大哥学理工的，在西安工作，妹妹和二弟在内蒙古和山西插队，两个小弟弟还在读初中。一家人和蔼可亲，她父母对我直呼其名，赞英是大姐，弟弟妹妹都叫我大哥。那一次，北京市区的著名景点差不多都去过了，大开眼界。文化宫、中山公园、天安门离得近，溜达了好几次，有时也看看大字报。个把月时间很快就过去了，钱也用完了。她告别家人，和我一同返回昆明。不知道她对家人说了什么，自始至终，她家没有任何人问过我关于过去、当下和将来的事情，一切都那么自然而然。

回到所里，武斗还没有完全停止。所里同事大多还没有返回，只有少数人值班。为了互相照应，我们商议早点成家，于是相约了另外两对情侣于1968年3月26日一同步行到龙头街的民政机构办理了结婚登记手续。领到结婚证书，从此就是一家人了，我们同甘共苦，朝夕与共，时而磕磕碰碰，时而卿卿我我，携手应对未知的人生旅程。

结婚那天，居然陆陆续续来了40多人。有的说几句恭喜的话，打个照面；也有相处较好的相谈甚欢；孩子们则是想来吃喜糖。那是世上最简陋的婚礼。婚房是管房子的人临时帮忙借的，买不到水果糖，托人帮忙也只买了可可粉和白糖，给来客冲上一杯，聊表谢意。被褥也是二一添作五，洗洗干净而已。

也许是"523"任务野外工作的氛围让我过于放松，有一次，几个相处较好的朋友难得聚在一起说说话，我居然忘乎所以，妄言说："如果江青同志不提倡'文攻武卫'的话，武斗不会遍及全国。"没有多久，我被其中一个朋友举报了，有如五雷轰顶。"工宣队"、造反派头头和专案组轮番找我谈话，说我胆敢攻击中央"文革"小组组长、"文革"的旗手，性质严重，可以按照反革命论处。他们多次责令我书面检查，要我交代来龙去脉。我承认话是我说的，但没有幕后指使，也没有预谋和目的，只是我自己的错误认识。造反派头头训斥我不老实，说："现行反革命的帽子就在我们手里，给不给你戴，就要看你的表现了。"

后来要我交代的重点变了，主要是问我说话以后，在场的李恒[1]、武素功[2]有何表态。彼时的李恒、武素功都因自身的问

---

[1] 李恒（1929—2023），湖南衡阳人，植物学家，中国科学院昆明植物研究所研究员，在重楼属、天南星科植物研究领域成就卓著。
[2] 武素功（1935—2013），山西太谷人，植物学家，中国科学院昆明植物研究所研究员，师从秦仁昌、吴征镒，在植物区系、植物资源、植物多样性保护，尤其在蕨类植物研究领域贡献卓越。

题被关进牛棚，造反派正在上纲上线地找理由好给他们定性，如果他们因为我的事受牵连，后果不堪设想。回想当时，他们对我说的话也感到有些出格，表情惊愕，不过是简单附和而已。自己的责任自己承担，绝不能把他们牵扯进去。在多次书面检查通不过的重压下，我只能揭发一件与此事无关、可以说是鸡毛蒜皮的事情。虽然是小事，也伤了两位朋友的自尊。出了牛棚后，有一段时间他们一直不理睬我。"文革"结束退回所有检查和专案资料以后，各自才明白整个受审查的过程和内容。李恒与我和好如初，无话不谈。

每个人在"文革"这场大风大浪中的境遇各不相同。祸兮福之所倚，福兮祸之所伏。我福祸皆至，两喜一忧。一喜是入选"523"任务，没有中断绘图的工作，还领略了大自然的鬼斧神工；二喜是天赐良缘，与同事张赞英终成眷属；忧的是逞一时口舌之快惹火烧身，自己承受了巨大的压力，还殃及家人。当时差一点连"523"任务也参加不成了，后来还是在"523"办公室的要求下，才勉强获准继续工作，那一次，"工宣队"派造反派人员随队全程监督。

最让我难以承受的是赞英在植物园挨批斗，理由是她阻止我揭发李恒、武素功的问题。批斗过程中，有一个造反派踢了她肚子一脚，有一位同事劝阻道："不能踢，她怀着娃娃。"对方回答："怀娃娃有什么了不起，生出来还不是一个黑崽子！"

那天下班后，我到食堂打好饭菜，不见赞英回来，左等右等不见人。我着急了，问一个植物园的同事，她说早就开完会了，让我下去找找。我快步奔到植物园，里里外外仍然找不见人。见黑龙潭方向有一个人影，急忙跑下去，果然是她。她哽咽着把事告诉我，说不想活了。我一把拉住她，心如刀绞，说不要犯傻，天大的事我们一起顶，赶紧回去。那天晚上她腹部疼痛，第二天早上到医院，医生说是先兆性流产，经过服药和卧床休息，孩子总算保住了。

从乱说话开始，一直到"文革"中后期的漫长岁月，"反革命"的帽子始终时隐时现地悬在头上。我不能回避，又不敢面对，不知厄运何时降临。只有出差在野外，专心致志画画时，心灵才能获得片刻的宁静。虽然忧心忡忡，难以度日，我还是给自己定了一条底线：对蔡老、吴老不忘恩负义，不落井下石；对造反派不得罪抵触，不趋炎附势；对自己接受教训管住嘴巴，不一定敢讲真话，但绝不讲假话，不为自保诿过于人。

1969年7月，赞英的预产期到了。彼时我在野外履行"523"任务，不能回家，她只身一人回北京生产。那一段时间我日夜牵挂，祈求上天保佑。终于有一天，我下山归来，收到她委托弟弟发来的电报"母子平安"，是意料之中，也是喜出望外。我们有儿子了。我有过错，但儿子是无辜的，绝不能殃及他，再难也要坚守，为人父母的责任感为我增添了勇气。第二天上山，我摘了一串鲜红的栝楼果实挂在部队招待所的宿舍门头上，心里甜甜的，真想看看儿子的模样。

记得儿子满周岁的时候，终于给他在照相馆照了一张两寸的黑白照片。1971年，《疟疾防治中草药选》已经定稿，"523"办公室派我去广州印制小手册。我住在中山五路的新华印刷厂招待所内，根据这张小照片，用印刷油墨画了一幅小肖像。小小的作品寄托了我对家庭的思念和责任担当，不管将来有多苦，也要把他抚养成男子汉。我还找到一块小小的汉白玉，为赞英刻了一

[左] 儿子曾硕小像 1971 年
纸本　印刷油墨
[右] 用汉白玉为赞英刻的一尊小像

尊小小的头像。

"文革"后期，邓小平同志主持中央工作期间，阶级斗争的火药味淡化了，各项工作又提到日程上来。这也预示着动乱时代即将结束，否极泰来，人们渴望平静的生活。最具有标志性的转折是牛棚不存在了，走资派和反动学术权威都回家了。敬爱的吴老、蔡老得以恢复工作。蔡老经历了残酷的批斗，逃过一劫，依然谈笑风生。

1975 年底，我和赞英同时收到中共昆明植物所核心组盖章签发的平反书。1976 年底，"四人帮"倒台，"十年动乱"结束了，中国从此进入了稳定发展的新时期。至此，压在我心头多年的大石头彻底卸掉了，我好像年轻了十岁，浑身是劲，要把十年的损失全部补回来。

说起这段岁月，还有一件放不下的事是对蔡老的牵挂和感怀。我说不清为何会与蔡老特别亲近，按理说，在工作上我没有直接跟随过他。他去葫芦岛开辟植物园时，我曾经想跟他去，听我一说，他训斥我："你去干什么？你连砍树都不会，跟我去没有用。马上就要搞植物志了，你的任务是画画，这才是你的正经工作！"

或许，我和蔡老接触多是因为我和黄蜀琼老师关系融洽。蔡老的原配夫人叫向仲，是历史学家向达[1]先生的妹妹，她毕业于清华大学历史系，和吴晗的夫人袁震是同学。向仲去世多年之后，1964年，蔡老和黄蜀琼结为连理。黄老师性格温良宽厚。她出身于书香门第，原本就读于重庆大学教育系，因追随丈夫的事业来到云南，改学了生物。她的命运也很坎坷。38岁时，她学业优秀事业有成的丈夫英年早逝，她和她母亲共同抚养6个孩子长大成人，其中的操劳和辛苦是可想而知的。蔡老和黄老师在患难中结为连理，殊为不易。黄老师是极具才情的人，写得一手好诗。1962年8月，她写了《采集途中》："不计天涯去路遥，洱海如画苍山娇。无情最是三秋雨，中甸群山匿九霄。"1981年蔡老过世后，她在悲痛中留下了《调寄江城子·悼希陶》来表达她的痛楚和哀思："忽邀传稿纪平生，梦难成，泪前倾。泉下能知，应感身后名。且喜新植成绿海，当睡稳，慰天灵。"

黄蜀琼老师的6个孩子都是女儿。我和赞英结婚后与黄老师做了几年邻居，一墙之隔，常来常往，相处甚欢。黄老师的老四、老五是听我赞美西双版纳，才报名去那里当知青的，吃了不少苦头，回来把我好一顿埋怨。我本来就是蔡老家的常客，蔡老把我看作晚辈。他说自己也是19岁就到静生生物调查所，21岁独自一人到云南采集标本，27岁担任黑龙潭公园经理。他还说年轻

---

[1] 向达（1900—1966），湖南溆浦人，历史学家、考古学家，北京大学历史系教授，1955年当选为中国科学院学部委员。

时喜欢养动物，有一条狼犬叫阿丁，会口衔提篮独自去买肉。写一个字条把钱放在提篮里，卖肉老板一看便知，把肉过秤后，放入篮中，毫厘不差，万无一失。

"文革"之初，蔡老因"罢官"二字受牵连，被押回勐仑。当时，昆明植物所分类室有造反派向黄蜀琼施压，要她和蔡老离婚，划清界限。那时我正好参加"523"任务，住在热带植物园东区的简陋竹屋内。

一天夜里，10点钟左右，我已躺下准备入睡，隔着竹篱见有烛光人影，急忙起身相迎，竟然是蔡老。他低声委托我把一块长方形的手表转交黄蜀琼，说是修好后再请人带回勐仑。我说："放心，正好我这两天就要返回昆明。"我不敢多问，目送他蹒跚着离去。蔡老走后，我准备把表收入行囊，打开电筒一看，表并没有停摆，还走得好好的，大感不解。后来仔细一想，有点紧张，这块表分明是蔡老试探黄蜀琼的信物。我不由得焦急起来，巴不得立即见到黄蜀琼。

那时，从勐仑到昆明要坐三天的长途汽车。我好不容易挨到昆明，来不及回家，第一件事就是找到黄蜀琼，移交完手表，建议她不一定要维修，找一个信得过的人立即带到勐仑。

1972年秋天，蔡老终于可以回家了。我去探望他时提起手表的事，他说："你知道就行了，以后不要再提。"随后风趣地说："抗战期间，我和吴晗在昆明西南联大附近的先生坡请一个盲人算命，他说我55岁有大难临头。果不其然，被他说中了。不过，我命大，不是好好的嘛！"后来我知道，那块表是蔡老的姐夫陈望道[1]送

---

[1] 陈望道（1891—1977），浙江金华义乌人，著名思想家、教育家和语言学家，五四新文化运动的积极推动者，《共产党宣言》的翻译者，其夫人蔡慕晖是蔡希陶的大姐。

给蔡老和向仲的结婚礼物，一块很旧的瑞士表，他一直带在身上。

就在那段时间，赞英被43医院耳鼻喉科诊断为"鼻咽癌晚期"，医生告诉我要立即住院做放疗，再拖就失去治疗机会了。43医院是部队医院，住院要经所"革委会"领导批准才能办理入院手续。我们未被获准入院，心急如焚。新调任的办公室主任赵元桢私下建议我们去北京治病，他愿意出面向"革委会"反映此事。结果还真办成了，我万分感激。随后"革委会"办事人员通知，只有张赞英能报销一张火车硬座票，其他人费用自理。我们只有少量的积蓄，也顾不了那么多了，救人要紧。第二天，开好证明，买了两张到北京的硬座票就上路了。两岁半的儿子挤在一起，晚上就睡在我们座位底下。三天以后，终于熬到了北京，次日就去医院就诊。在她弟弟妹妹的帮助下，排队挂号，检查取报告，复诊都很顺利。三天以后，喜出望外——鼻咽癌纯属误诊，只是一般炎症而已。此时，我们突然收到一张汇款单，汇款人是我，收款人是张赞英，金额200元。

200元现在看来是小数，在当年可是小职工几年的积蓄啊！是谁雪中送炭？想来想去只可能是蔡老，想到他一大家子人，那么多孩子，自己又有病，不禁热泪盈眶。回到昆明去拜望，蔡老说，没事就好，这点儿小事不值一提。

大约是1974年，蔡老正儿八经地要我去办一件事，了解王晋元是何许人。原来王晋元经朋友搭桥，和蔡老在江川工作的二女儿蔡仲明相识相恋。这本是好事，两人都年过三十，情投意合。但毕竟是自己的宝贝女儿，为了保险起见，多了解一下，是出于父亲的疼爱。我早就认识王晋元，当时他还不是云南画院院长，是云南省美术摄影工作室的美术创作员，不过已初显才华。我们

蔡希陶先生小像 1986 年
纸本 炭笔 + 色粉

虽然见过面，并未深交，但是我对他的作品心悦诚服。我找过几个美术界的熟人，都对他赞不绝口。我回禀蔡老，此人要人品有人品，要才学有才学，尽可放心。后来蔡仲明把王晋元带来昆明植物所探望父亲，蔡老对他果然有好感，相谈甚欢，终成一家人。

蔡老的一生充满传奇。他本来是学物理的，受姐夫陈望道影响，接受左翼思想。为避免当局追查，1930 年，经陈望道介绍，辍学到北平静生生物调查所做实验员。1932 年，受所长胡先骕委派到云南采集植物标本，从此与植物结下不解之缘。1937 年，举家搬迁至昆明。1938 年，代表静生生物调查所与云南省教育厅共同筹建云南农林植物研究所。新中国成立后参与创建中国科学院昆明植物研究所和西双版纳热带植物园，把毕生的精力奉献给国家科学事业，对热带植物资源开发利用与学术研究有突出贡献。蔡老的创业精神教育激励着一代又一代植物学家，我更是有幸，能在身旁直接感受他的伟大和平凡。在我的心目中，他是高瞻远瞩的学者、胸怀博大的领导，更是慈祥的长辈。他的诙谐幽默和坦诚的个性永远铭刻在我的记忆中。1981年初，噩耗传来，敬爱的蔡老因脑溢血抢救无效，年仅70岁就溘然离去。我和大家一样感到意外和悲痛。"文革"的大风大浪他都闯过来了，本应大有作为，带领我们再走一程，骤然而别，天有不公。

说到蔡老，不得不说一说另一个人。蔡老晚年，住在翠湖边的一套中式老房里。我总会和一位同事相约同去探望，差不多每周一次。一般不带礼物，只买一点水果，也不吃饭，欢声笑语个把小时足矣。这位同事就是臧穆，我的良师益友，优秀的真菌学家。1973年，臧穆从南京师范大学调入中国科学院昆明植物研究所，携做苔藓植物研究的夫人黎兴江和一批优秀弟子共同创建了我国西南地区孢子植物的研究中心。我敬重他的博学多才，他赏识我的一技之长，更主要是意气相投，我们直来直去，无拘无束。

改革开放之后的20年，是我从中年向花甲过渡的新旅程。几乎每一天都在忙碌之中度过，从来没有感到疲劳和倦怠，做不完，学不够，不知不觉已过了知天命之年。我可能算得上是一个敬业者，但不是一个称职的丈夫。家务劳动绝大部分由赞英一人承担。她有自己的工作，作为植物园山茶花项目的老职工，除了多次参加野外考察，主要是园内的日常管理和引种育苗任务，不管多忙多累，下班以后，一家三口的一日三餐、打扫卫生洗洗换换都是她在操心。她知道我忙，家里的事不管不顾，我也习以为常了。有时吃完饭丢下碗就走，晚上很晚才回来，好像是理所当然。有两次她离家时间较长，我又当爹又当妈，才充分体验到家务的重担。一次是她报考了北京林学院（现北京林业大学）的工农兵学员班（1977—1980）。还有一次是1988年植物园派她到日本舞鹤植物园进修，为期一年。这两次分别恰逢儿子小升初和高考的关键时期，工作也是正忙的时候，我恨不得长出三头六臂渡过难关。好在孩子虽然顽皮贪玩，但很懂事。他会去桉树林下捡枯树枝，捆成一小捆拿回家里做引火柴。还有一个非凡的本事，下午放学回家会把三楼阳台上养的三五只鸡赶到院子里啄虫吃草，晚饭后又把它们赶上楼，一只也不少。高二上学期我对他说："如果喜欢数理化，自己去努力，将来考理工学校。如果喜欢文科，假期里就不能玩了，天天跟我学画画，打下基础，将来也搞我这一行。"他对理工科更感兴趣，我尊重他的选择。高二下学期他突然用起功来，每天晚上都超过12点以后才休息。毕业考临近了，我能做的就是尽量保证他的营养，每周请所里的驾驶员朋友进城办事时顺便买一只宜良烤鸭或烧鸡，再有自己家鸡下的蛋，食堂再买点饭菜，营养应该不缺了。高考填报志愿全凭他自己做主，我对孩子有信心。果然他考上了第一志愿——北京理工大学。我赶紧把消息告诉远在日本的老伴儿，一家人都很开心。

　　儿子毕业后留在了北京工作，后来自己出来创业。我仍然对他很放心，因为从来没有听他口中怨天尤人。他喜欢中国传统文化，笃信自强不息，转眼，他也50多岁了，退休后想叶落归根，回到昆明。儿媳贺亦军是儿子的大学同班同学，全力支持儿子的工作，心地善良，热心公益。闲暇时间坚持画博物画，作品多次入选大型博物画展，并收入多种画集。孙子1996年出生，在北京101中学初中毕业后到美国加州读高中，随后考上加州大学戴维斯分校学美术。听人说罗德岛设计学院好，大二考入该校，自己从西海岸转至东海岸，完成学业后回国。我担心他在美国多年被"异化"了。还好，经过多次交流，发现他大事小事都明白，颇有见地，对他不再操心。他对自己的工作也很喜欢，尽心尽力。

老伴儿在北京林业大学遗传育种教研室跟朱之悌教授[1]搞组织培养时，有过梦想，本可以更进一步，有所建树，就因为嫁了一个自顾不暇的人，而错失良机。在科学院系统，但凡想做出点儿成绩的人都要全力以赴，只靠上班那点儿时间是不够的，必须搭上大部分的业余时间，她的业余时间都被我占用了。每次晋级考核她都比较犹豫，我怎能不知，为了成全我，她失去了很多机遇。明知不公平，她还是选择了默默付出。

赞英是一个多灾多难的人，前几年就因肺癌做过肺切除手术，因腰椎滑脱做过矫正手术，现在还有四枚钢钉在脊椎骨中，还做过双膝的关节置换术。2022年秋天，赞英刚做完左腿膝关节全置换手术，我明明白白对她说要听医生的话，好好躺着，有事叫我，站起来必须叫我搀扶。第二天晚上8点多钟，我正伏案画画，她悄悄起来上卫生间洗漱。突然听她呼叫"我摔跤了"。我又急又气，丢下画笔赶紧跑过去，一看她半躺在地上，左手腕变成了"Z"字形，给我吓惨了。我不知哪儿来的力气，把她抱起来扶回床上，立即拨打了120急救电话，又给所里负责离退休职工工作的张全星打电话。那天晚上在医院一直折腾到夜里一点多钟。复位过程我不敢看。听全星说，两个医生在拉伸过程中，老伴儿一声没吭。我心里有数，她本来就是一个能忍耐的人。

这次腕部骨折，因复位欠缺，留下了麻木伴疼痛的后遗症。

---

[1] 朱之悌（1929—2005），林木育种专家，中国工程院院士，北京林业大学教授、博士生导师。

与赞英在家 1996 年

北京积水潭医院的医生建议重做复位手术。因要取一块自身髂骨的骨头填补,手术较复杂,她一直下不了决心。早年她在野外考察时还被毒蛇咬过,险些丧命;脚背受过外伤,韧带断裂做过韧带缝合术……除了蛇咬伤我不在场,其他各次我都细心陪护。我心想,你管我一辈子,我管你一阵子,天经地义,不容分说。

稍微康复,她又转过来照顾我。事无巨细,由她包办。久而久之,我也习以为常,形成了依赖。比如所里食堂开饭时间,她不提醒,我就经常错过;她若出门,一定要为我调好闹钟;我心不在焉,反穿衣服,时常被她数落。有一次出门办事,居然一左一右穿了两种鞋,左脚是皮鞋,右脚是旅游鞋,在外面转了一圈才突然发现。与人约定见面时间,也是她比我记得清楚。每日该吃的心血管药物,她不备好,我记不住,即使想起来,也找不到药在哪里。每日为我沏茶,如果她忙不过来,我宁可喝白开水,也懒得自己动手——我知道她是为了保证我的时间,成全我。我欠她的实在太多。

我们一同走过了半个多世纪,真正做到了执子之手,与子偕老。我永远怀着感恩之心,与爱同行。命由天定,事在人为。

偶遇寄生花
在雨林偶遇寄生花，太激动了，我跪在地上拍了半天照，差点起不来，幸好有老伴儿的搀扶

执子之手

第四章 奋楫笃行

奋楫篤行

对于我这样一个时代变迁的亲历者，经历过人生的跌宕起伏并品尝过人生百味，又已经选择了自己道路的人来说，不惑之年前后是人生最美好的岁月。我为改革开放新时代欢欣鼓舞，为我钟爱的职业不遗余力。我会为信念严于律己，也会对未竟之事尽力而为，心之所向，行之所往。

改革开放是中华人民共和国发展史上最重要的里程碑之一，不仅多个领域取得了飞速发展，人民的精神面貌也有了巨大的改变。人民有安全感、获得感、自由感，可以自由地选择和决定自己的命运。对每个人来说，既是机遇，也是挑战。尤其是信息畅通的时代，面临着思想观念多元化和生活方式多样化的选择和考验。对于我这样一个时代变迁的亲历者，经历过人生的跌宕起伏并品尝过人生百味，又已经选择了自己道路的人来说，不惑之年前后是人生最美好的岁月。我为改革开放新时代欢欣鼓舞，为我钟爱的职业不遗余力。我会为信念严于律己，也会对未竟之事尽力而为，心之所向，行之所往。

1979年，时任昆明植物所副所长的张敖罗同志找我谈话，问我考虑过入党问题没有。这问题出乎意料，我坦诚地回答："没有，我不够格。"他严肃地开导了我一番，大意是：你是老职工了，多年来各方面做得还是不错的，不要降低对自己的要求，可以做得更好。家庭出身问题要划清界限，但没有必要背思想包袱，关键是严格要求自己，只要达到标准，党组织的大门是敞开的。特别是党的十一届三中全会刚开过，我们党实现了以经济建设为中心的大转变，各行各业要把工作搞上去。先不要急于回答，希望你认真地考虑。

谈完话以后，我久久不能平静，思考了很多问题。憋不住向我敬重的老党员臧穆敞开心扉聊了很长时间。他说这可是人生的大事，值得想上几天几夜。人是有信仰的，没有这样的信仰也会有那样的信仰。信仰就是主心骨，一旦有了主心骨就有了归属，到死也不改变。你要扪心自问，做得到就写申请。

面对如此庄重的选择，我岂能不扪心自问。我想明白了，余下的时间不该满足于做散兵游勇，人是自然人，更是社会人，要用勇气把个人爱好、日常工作与组织需要结合起来。我们每一个人都只是沧海一粟，倘若能汇入时代的洪流，便再也不会孤独，就有了归宿感和使命感，大家朝着一个共同的方向奔腾，在自己的岗位上义无反顾，勇往直前。两周之后，我向分类室党支部提交了入党申请书。

始料未及的是，入党不到两年，服从组织决定，我担任了两届分类室党支部书记（1981—1989）、一届所党委委员（1985—1990），任职期间付出了不少精力，是我应尽的义务。除参加会议、开展支部党员活动以外，主要是协助室主任做一些具体工作，与人谈心，排忧解惑，从未间断本职工作。我已经适应了"闹中取静"，该忙则忙，一拿起画笔马上就能静心工作。身为党员，原有的兴趣爱好非但没受到丝毫限制，在完成好组织交给的任务的前提下，还可以任由自己尽情发挥。

在学习欧洲的现代植物画技法，逐步适应植物志工作需要的过程中，我把对中国传统绘画的学习也提到日程上来。业余时间的学习重点已经转移，开始阅读国画基础理论知识和技法图书。我喜欢陈子奋、郑乃珖、俞致贞的花鸟，王道中、周天民的白描，以及陈学良的树木山水。虽然我将大部分业余时间投入习画之中，但中国画博大精深，非短时之功可以奏效，我学到的也只是皮毛而已。不过既有开始，就没有停止。

经过一段时间的努力，我把中国画的白描形式引入植物志的插图中，为科学插画赋予了中国传统笔法的韵味。有时同一幅插图上白描和版画特点兼而有之，不失为一种可行的尝试，略有新意。

在学习中国画的同时，我还必须补上不可或缺的书法课。在中国传统文化中，书法和绘画被视为具有相同技能和审美标准的艺术形式，即"书画同源"。其实激起我对书法景仰之情，早在目睹了中国科学院首任院长郭沫若为我所题字的那一天就开始了。

1961年初，所办公室负责人潘以详急匆匆地来到绘图组对我说："快快快，找纸找笔，郭老要题字。"当时组里还没有宣纸，我以最快速度拿了一张全开的绘图纸、最大的一支羊毫笔，抱着墨汁、砚台奔往会议室。郭老看看这些不合格的用具，苦笑了一下，沉思片刻，奋笔疾书。行笔若行云流水，潇洒流畅，而又不失凝重。顷刻间一首近体诗跃然纸上："奇花异卉，有色有香。愉神悦目，

山高林密 2014年
纸本　中国画

1961年，郭沫若为中国科学院昆明植物研究所题字
中国科学院昆明植物研究所供图

著衣代粮。调节气候，美化风光。要从地上，建筑天堂。"写完，郭老将毛笔往旁边一扔。

太饱眼福了，原来汉字书法竟有如此魅力，我真后悔小时候没有跟着祖父好好学习。亡羊补牢，决定买几本字帖开始练习，但是大把的时间已经没有了。后来在学习中国画的过程中，我虽然也把书法列入学习内容，但也只能以习画为主，练字为辅。时间不够用，不可能齐头并进，书法始终是短板。受郭老影响，我的书法学习以行书为主，练过王羲之的《圣教序》、文徵明的《千字文》以及现代书法家周慧珺的行书字帖。

如何将书法的用笔特点和表现力融入绘画中，一直是中国画家们努力追寻的方向。以线条为主要表现形式的植物插画如果也能从书法的线条和节奏中汲取营养，使植物画具有中国元素，无疑是值得中国植物画家努力的。不管这个过程多么漫长，坚持不懈总会逐步显示出一定的效果。

20世纪70年代末，西双版纳热带植物园的领导许再富[1]邀我为他的科普著作《林海行》（许再富、韦仲新著，云南人民出

---

[1] 许再富，1939年出生，广东饶平人，保护生物学家，中国科学院西双版纳热带植物园第三任园长。

《林海行》插图　1978 年
纸本　毛笔白描

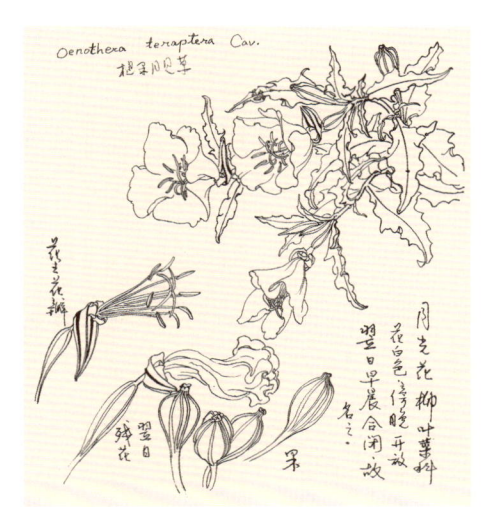

槌果月见草写生 1960 年
速写本 钢笔墨线

君迁子写生 1962 年
速写本 钢笔墨线

版社，1979 年 8 月出版）画封面和插图。封面是半写意的热带花卉和榕树干，插图全部用白描，但并非只是用均匀的线条勾写轮廓，而是用粗细、刚柔、顿挫都有节奏变换的线条，来概括和提炼对象的形体构造和质感，同时又不能过于夸张和做作，要让观者感觉不到是有意为之，而是自然天成。这正是白描的魅力所在，也是画者在实践过程中的辛劳和乐趣所在。

学习白描也是三部曲。第一步，认真观摩我喜欢的国画家的白描作品，除王道中、陈子奋以外，还有连环画大师刘继卣的作品；第二步，用白描形式画大量的植物速写；第三步，直接把白描引入植物画创作，包括植物志和科普作品插图，如后来植物园主任冯国楣[1]先生主编的《云南杜鹃花》一书的黑白插图。

[1] 冯国楣（1917—2007），园林花卉专家，长期从事植物科学考察、采集及分类研究，是国内外知名的杜鹃花专家和山茶花专家。

[左]1946年冯国楣先生工作照
中国科学院昆明植物研究所供图
[右]1963年出访日本时的冯国楣
冯宝钧供图

1976年，分类室支持冯国楣先生的山茶花项目，参与绘图。冯老坚持不能只用照片，要尽可能配一部分手绘图。初春时节，山茶花绽放期间，我暂时放下植物志的工作，为《云南山茶花》一书画彩色插图。这是自"523"任务之后，非常难得的既严谨又有较高审美需求的新课题，是参加工作以来，时间较充分的彩色画大演练。我和肖溶、李锡畴三人有幸全部对照活植物写生，在色彩规律画面构成和调色技巧方面收获颇丰。我突破博物画不画光影只画固有色的常规，把阳光的照射带进了植物画，为后来百花图、百鸟图的创作找到了努力的方向，奠定了基础。这本书于1981年由云南人民出版社出版。

冯国楣先生和蔡老当年同受胡先骕先生委派，由江西庐山迁至昆明，从此扎根云南，长期从事科学考察、标本采集、植物分类和植物园艺研究。他是昆明植物所创建者之一、昆明植物园第一任主任。冯老是我国生物科学画泰斗冯澄如老前辈的侄子，对植物画情有独钟。早在编写《橡子》（冯国楣、周俊著，科学出版社，1963年出版）和《云南经济植物》（云南人民出版社，1973年出版）时，他就要求我们一定要把图画好，说"好书要配好图"。后来的《云南杜鹃花》(云南人民出版社,1983年出版)同样采用白描形式画插图。虽然我只做了一点点工作,但这两本书获奖以后,冯老坚持获奖证书上一定要加上我的名字。

从1976年至1979年的那四年,全部做实物写生,对我是极好的机会与促进。回想那些日子,我每天天一亮就起来,到植

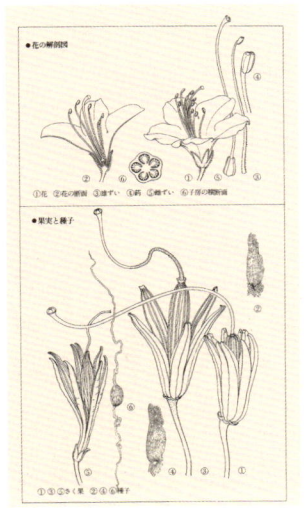

《云南杜鹃花》(日文版)插图

茶梅写生　1978 年
速写本　钢笔墨线

恨天高　1976 年
纸本　印刷油墨
《云南山茶花》插图

独心大理茶 1979 年
纸本 印刷油墨
《云南山茶花》插图

物园去摘一朵带叶的山茶花，跑回办公室插在瓶子里。然后赶紧去吃早点，随便吃点儿就跑回来画，一直画到12点半吃午饭。5个钟头期间，全神贯注，常常忘记喝水和上厕所。那朵花从植物园摘下的那一刻，就会慢慢张开，若画慢了，就找不着花瓣之间的关系，所以时间非常紧张。而且不能打稿子，必须从局部到局部，一个花瓣一个花瓣地拓展，心里又要时时兼顾整体，力争上午把一朵花画完，下午接着画叶片。叶片插在瓶中变化不大，边画边取舍构图。第二天一早再去摘一枝带叶的花苞，配置在适当的空间。第三天补充背景和调整冷暖关系，统一画面，最后定稿。

  碰巧的是，1979年11月20日，由中国科学技术普及创作协会（1990年6月更名为中国科普作家协会，简称"中国科普作协"）和中国美术家协会联合举办的"全国科普美术作品展览"在北京中国美术馆开幕。这是中华人民共和国成立后的第一

云南山茶花 1979年
参加全国科普美术作品展览的"云南山茶花"组画部分作品

芙蓉　　　　　　　　　山茶花　　　　　　　　　银杏

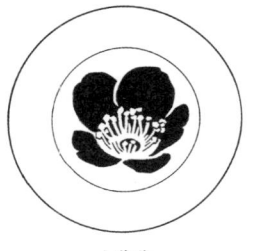

次科普美展，邓颖超同志出席开幕式剪彩仪式。中国科学院多位一流科学家如钱学森、钱伟长、茅以升等，多位一流的美术家如吴作人、李可染、王朝闻等，均到会参与活动。我在《云南山茶花》插图基础上创作的"云南山茶花"组画以及《林海行》线描插图双双入选，分获二等奖和三等奖。

事后，中国科普作协的一位工作人员将中央工艺美术学院常务副院长张仃[1]先生的联系方式转告于我，并表示张先生说工艺美院需要各类人才，想调我过去工作，若我有意愿可电话联系。我觉得人贵有自知之明，不该见异思迁，我不想背离自己的职责，况且还有很多想做的事没有做，舍不得丢开。但前辈的认可对我无疑是很大的鼓舞。这是我第一次进入工作范围以外的公众视野，信心倍增，也明白了一个道理：科学插画并非只限于服务科学，根据受众的需要或者说不同服务对象的不同需求，可以在科学性和艺术性之间有所侧重。科学插画是以植物或动物为创作主体，客观反映生物个体或个体之间、个体与环境之间关系的原初自然状态，准确表达其形态特征和生态关系的一种功能性绘画。它与主流美术的区别主要是观念的不同，而绘画的基础和修养是相

---

[1] 张仃（1917—2010），辽宁黑山人。中央工艺美术学院教授，1981年任中央工艺美术学院院长。中国当代著名国画家、书法家、工艺美术家、美术理论家。

通的。

  我告诉自己，对所有写实主义绘画的精髓都要认真学习，取各家之长、融会贯通，这个过程是没有止境的。在学习中国工笔画和书法的过程中，同样要兼修写意画的意象表达，虚实结合，在营造氛围时是必不可少的。就这样，夜以继日，上班时间工作，业余时间学画，边画边学，边学边画，每天沉浸于笔墨，简直是乐不思蜀。

  日复一日辗转于植物标本和花鸟树木之间，蓦回首，转眼已过了二三十年。20世纪80年代中期，在全组同仁的不懈努力下，《中国植物志》唇形科卷的绘图工作完成后，天南星科、浮

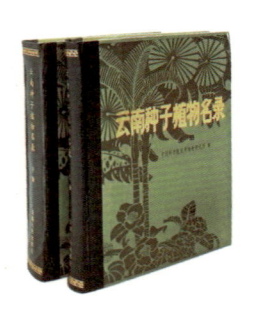

[上左] 参加《原色中国本草图鉴》绘图工作的同仁交流
1982年8月，《原色中国本草图鉴》第二次编委扩大会议在长春中国中药研究所举行期间，与科学画同仁交流

左起：曾孝濂、许春泉、史渭清（坐者）、李德华、井枫林、陈月明

[上右]《云南种子植物名录》（上下册，1984年出版）封面设计采用稿

[下]《云南种子植物名录》封面设计稿初稿

瑞雪　1991年
纸本　中国画

木槿　1989年
纸本　中国画

萍科、旋花科、紫牵牛科、樟科、锦葵科、木棉科、野牡丹科、漆树科、使君子科、杜鹃花科等卷册的插图也陆续完稿。《云南植物志》1~4卷已经出版，5~8卷也全面展开；《西藏植物志》编辑工作和插图绘制工作同时进行；《云南杜鹃花》《云南山茶花》也相继出版。由国家卫生部前部长钱信忠担任编委会主任，吴征镒、肖培根等担任副主任的《原色中国本草图鉴》8个卷册的插图也大部分完稿。这些工作是我们有生之年的主要任务，每一个参与者毫不吝惜自己的青春年华，尽最大的努力完成力所能及的工作。在恪尽职守的过程中，工作理念与技法也得到很大的锤炼和提高，完成了全过程的修炼。

进入20世纪80年代后期，国内专业性文化团体举办的美术交流活动逐渐活跃起来。接到主办单位的征稿通知或邀请函，我们十分乐意用业余时间创作参展。这是对我们长期坚持学习和

[左] 时任英国爱丁堡皇家植物园主任的史蒂芬·布莱克摩尔（Stephen Blackmore）教授与《山茶杜鹃图》合影　1991年
[右] 与胡秀英博士、毕培曦博士在香港中文大学　1992年

工作实践的检验，也是学习交流的好机会。1987年，我的水粉组画《云南花卉八种》在中国科协、中国美协、林业部联合举办的"全国农村科技致富"美术展中荣获佳作奖。1988年，水彩画作品《玉兰花》《珙桐》《中国兰》等6幅作品入选加拿大多伦多皇家冬季交易会招贴画展。1990年，国画作品《山茶花》入选中国科普作协、中国美协、中国摄影家协会联合举办的"美哉中华，爱我中华"展览，并获一等奖。这是我的大幅国画作品首次参加全国性美展，对我多年自学无疑是极大的鼓励。

1991年，英国爱丁堡皇家植物园与我所签署建立姊妹研究所协议，我奉命以中国画小写意的形式，创作《山茶杜鹃图》并受托以吴征镒所长赋四言诗"杜鹃凝雪，山茶喷火。谊结姊妹，可喜可贺"为题款。

1992年，吴征镒所长派我去香港中文大学协助胡秀英博士做《香港植物志》。胡老原籍江苏徐州，1946年赴美国深造，是哈佛大学首位中国籍植物学女博士。取得博士学位后，她受聘于哈佛大学进行植物学研究。1968年，受邀到香港中文大学崇基学院生物系任教。她是极其严谨的植物学家，事必躬亲，对自己研究的每一个种一定是亲自采标本和进行解剖。

我在香港中文大学画的第一幅画是菊科草本植物，头状花序，小而复杂，我已完成解剖，并把舌状花和管状花固定在载玻片上，结构展示很清楚。她看了以后，自己再取一个花序重复一遍，然后方予以认可，堪称一丝不苟。经她同意，我才开始起稿绘图，没想到完成之后她却说："在美国不是这样画的，能否用'点'来表现明暗关系？"我回答："在中国是这样画的，用'线'来表现明暗关系。您既然要我来，我按自己的方式画，只要没有错误就可以。"正所谓不打不相识，胡老没有坚持，我也无须让步。经过一段时间的磨合，我们成了好搭档，她把关，我制作，合作得很愉快。

在港期间，我和马平（胡老从内蒙古大学邀请来的优秀青年绘图员）跟随她跑了很多植被茂密的山头。我记得有大帽山、马鞍山、太平山、大屿山等，还去了好几个郊野公园。当时胡老已经年逾八十，还坚持爬高下低地采标本，碰到水生植物，我们想阻止她下水，她说要亲自摸一摸水下根茎的走向和分蘖方式，拦不住，只有搀扶着她下水。她的敬业精神让所有人肃然起敬。

时间过得很快，大半年的工作，我完成了以菊科植物为主的数十幅插画，还有业余时间创作的不少习作，有中国画，也有水彩画。经胡老和毕培曦博士的推荐，在香港中文大学逸夫书院的大力支持下，1992年9月28日至10月3日，在香港中文大学邵逸夫堂举办了"科学与艺术的结合——曾孝濂绘画作品展"。这是我平生第一次办个展。

在港期间，我和胡老朝夕相处，求同存异，相互尊重，建

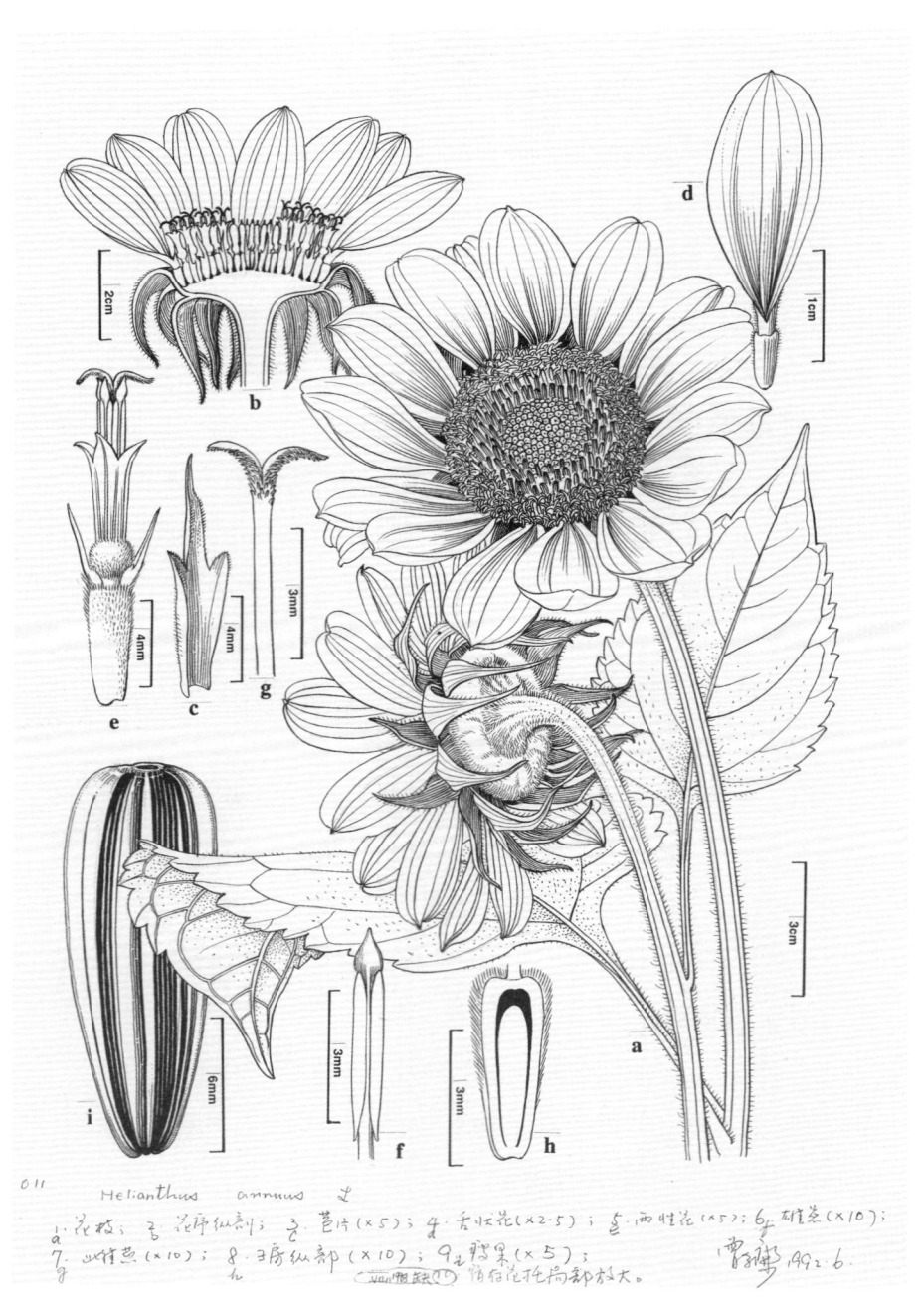

向日葵　1992年
《香港植物志》插图

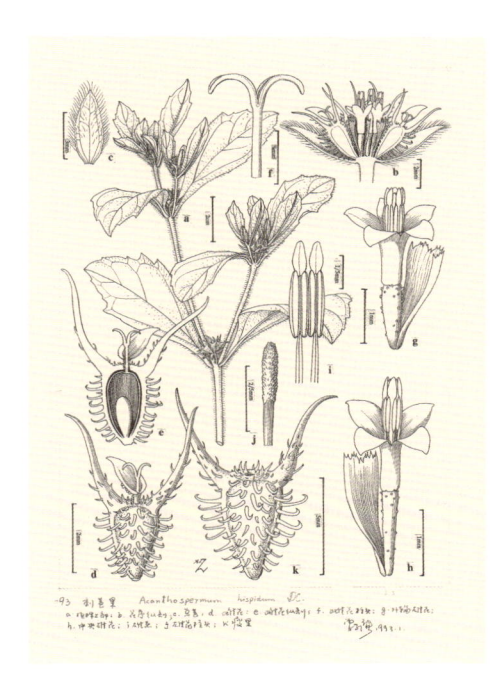

［上左］刺苞果 1993年
［上右］勋章菊 1993年
《香港植物志》插图
纸本 钢笔墨线
［中］在香港中文大学举办个人画展 1992年
［下］瑞气满梅花 1993年
纸本 中国画小品

立起难得的忘年之谊。一年期满后，纵有不舍之意，终须一别。她说："再帮帮我吧，你不能走，我给吴所长打电话。"工作尚未完成，我也有些不忍，但家里还有一大堆事等着，我必须按时归队。临行之前她把港英当局授予自己的最高荣誉奖杯"香港之星"转赠于我，让我带回昆明。一年以后，我深感受之不妥，委托我所赴港工作的贺震旦博士带回香港转交胡老，祝福她老人家健康长寿。

《中国植物志》的编修过程是不断总结经验的过程，各省志书的编纂工作都在顺利推进，绘图师的群体也得以不断发展壮大。同行间的交流切磋不可或缺，我们难以忘怀《中国植物志》编委会和中国植物学会组织的多次全国性的交流活动。

参加《中国植物志》绘图工作会议代表合影
曾孝濂因故未能参加此次合影的拍摄——编辑注

记忆犹新的是 1975 年 4 月,《中国植物志》编委会在广西桂林组织的《中国植物志》绘图工作会议,到会的大约有 80 人,全国各地参与《中国植物志》画插图的老中青三代人大部分都来了。这次会议可能是这个默默无闻献身植物科学画事业的群体的第一次相聚,大家感觉很亲切。我见到了刘春荣、冯晋庸、史渭清、蒋祖德等前辈,以及吴彰华、冀朝桢、张桂芝、陈荣道、张荣生、仲世奇、郭木森、马建生、路桂兰、张泰利和广州的老朋友。遗憾的是,冯澄如老先生已经于 1968 年去世,此生未得一见。交流过程中,聆听了几位前辈的发言,收获颇丰。平辈之间也相谈甚欢,建立起真诚的友谊。大家都深刻认识到,为《中国植物志》画插图是我们光荣而艰巨的共同使命。

1980 年,中国植物学会在北京举办中国植物科学画学术交流会,会址在中国科学院植物研究所,规模比桂林会议大许多。这次会议更加务实,与会者都带来了自己的作品。通过作品展示、经验交流,起到互相促进、取长补短、共同提高的作用。10 月 9 日至 11 月 29 日,中国植物学会、北京植物学会、北京自然博物馆和《中国植物志》编委会,又在北京自然博物馆举办了中华人民共和国成立以来第一届全国性的植物科学画画展。参加展出的有全国有关研究所和大专院校等 52 个单位、98 位作者的 465 幅作品。其中包括冯钟元的五桠果、冯晋庸的牡丹、刘春荣的雪莲、陈月明的白头翁等,我也提交了包括菌类在内的部分作品。展后,部分作品应第十三届国际植物学大会邀请参加在澳大利亚悉尼举办的中国植物科学画画展。1982 年,中国植物学会征集国内优秀作品参与对外交流活动,我的作品应邀在美国密苏里植物园展出。

[上左] 在科学画学术交流会上　1980年

[上右] 写生交流　1983年
昆明全国植物科学画交流大会期间，在西山公园与年轻人交流
左起：杨建昆　曾孝濂　马建生　何顺清

[中] 在交流会上作报告　1987年

[下] 中国植物科学画学术交流会与会代表合影　1983年

1983年，中国植物科学画学术交流会在中国科学院昆明植物研究所举行，这是全国植物科学画同行的又一次盛会。会上大家畅所欲言，对我国植物科学画的现状和发展达成了很多共识。会议期间代表们还参观了昆明植物园，游览了西山公园。一些朋友带上画夹和速写本实地写生，给会议增添了活跃的气氛。

1987年1月，中国植物科学画技术学术交流会在广州华南植物园举行。近80位来自全国各地的植物科学画画家共聚一堂。这是自1983年底中国植物学会科学画专业委员会正式成立以来的第一次盛会，几十位画家带来了近百幅作品参加展出，并进行了学术交流。与会者中除各科研院校的代表外，还有来自东北、内蒙古、新疆、青海、甘肃、西藏、海南等地的画家代表，其广泛性及代表性在当时是前所未有的。冯钟元先生这一年已经70岁了，他以学术报告的形式作了《钢笔画的特性和使用方法》及《怎样提高科学画技艺》专题发言，引起大家热烈讨论。同年，由中国植物学会和北京自然博物馆联合举办了第二届全国植物科学画画展。

1990年，北京自然博物馆又举办了第三届全国植物科学画画展，为植物画的普及提高和大众化作出了重要贡献。

1983年10月初，中国植物学会成立五十周年年会暨第九届会员代表大会在山西太原召开，大会宣布设立（植物）科学画专业委员会，冯钟元任主任。11月，我接到中国植物学会的聘书，受聘为（植物）科学画专业委员会委员，并任副主任。1988年10月，（植物）科学画专业委员会换届，我被学会聘为专业委员会主任，任期五年。当时感到有压力，我们植物画第二代的老前辈都健在，作为第三代的晚辈我当之有愧，况且我又不在北京，联络不方便，随即向学会工作人员反映，主任一职最好由北京植物所的前辈担任。答复是已经会议通过，开展活动由协会组织协调，不必有顾虑，我只好硬着头皮把这一任务承担下来。惭愧的是，在我任职期间，正值《中国植物志》收尾的繁忙阶段，各省地方植物志也你追我赶，无暇开展全国性的交流活动。以往历次活动的组织准备工作大都是由学会王志英老师做的。王老师为我国植物科学画的发展做了大量工作，我一直铭记在心。中国植物学会和植物科学画专业委员会为全国各地的植物科学画工作者搭建了一个展示作品的窗口以及交流绘画理念和技法的平台，促进了我国植物科学画的繁荣发展。

1990年初夏，我有幸随同臧穆去上海画食用菌插图。上海市农业科学院食用菌研究所主持邀请了国内13家单位的真菌学者编写《中国食用菌志》。臧穆负责本书的技术审定工作，我也被列入编著者之一，我组杨建昆、张宝福也参加了彩图绘制工作。我们三人在臧穆的指导下，画了100余种真菌。臧穆也画了不少黑白线条图，画得非常精准。多年以后，我又陆续为臧穆主编的《中国真菌志》牛肝菌科画了为数不多的彩色插图。

臧穆对真菌的偏爱，毫不夸张地说，已经到了如痴如醉的境界。一旦发现植物园或黑龙潭附近有鲜活的野生蘑菇，他会像小孩子一样兴高采烈地跑来找我。受他的感染，我会立刻放下手中的工作，带上绘画工具随他去现场写生。带生态环境的真菌，必有取舍，难免仓促，但比较生动。有一幅生长在白蚁窝的鸡㙡，是我在梁河县山林中画的，得到他的充分认可。我们之间不唯有师道尊严，还有朋友情谊，一幅幅带生态环境的写生图，就是师生情谊的见证。

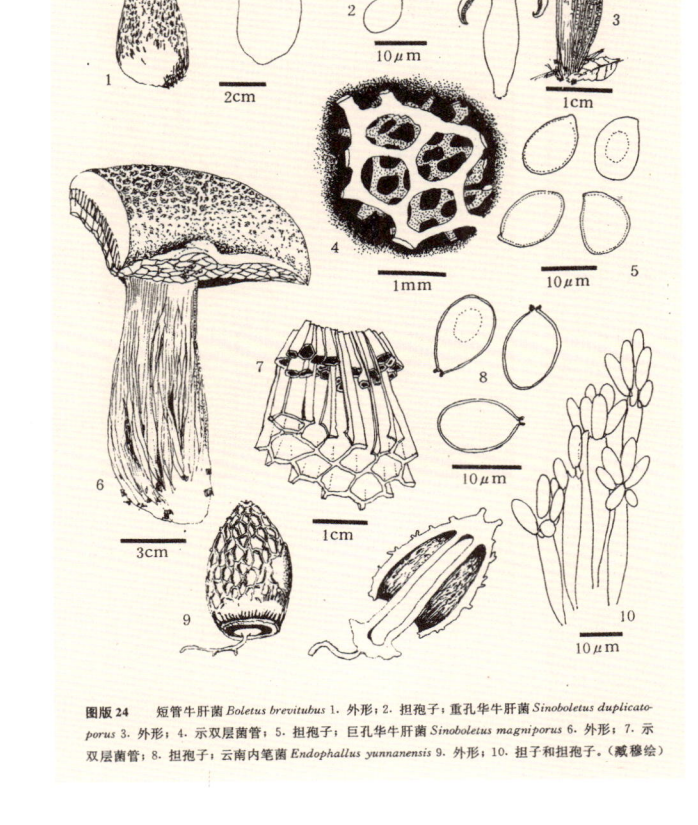

图版 24 短管牛肝菌 *Boletus brevitubus* 1. 外形；2. 担孢子；重孔华牛肝菌 *Sinoboletus duplicatoporus* 3. 外形；4. 示双层菌管；5. 担孢子；巨孔华牛肝菌 *Sinoboletus magniporus* 6. 外形；7. 示双层菌管；8. 担孢子；云南内笔菌 *Endophallus yunnanensis* 9. 外形；10. 担子和担孢子。(臧穆绘)

臧穆为《横断山区真菌》一书所绘的插图

[左]《云南植物研究》封面设计　　[右]《云南植物研究》杂志封面

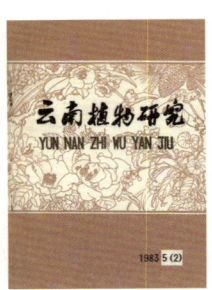

［上左］松茸　1983 年
［上右］香菇　1983 年
［下］紫芝　1986 年
纸本　水粉

真根鸡㙡 1985年
纸本 水粉

1979年，经国家科委批准，由吴征镒任主编、臧穆为副主编的《云南植物研究》学报正式出版，成为我国自然科学核心期刊，面向国内外发行。臧穆为学报题写了刊名，我奉命设计封面及封底图案。

　　臧穆身上有一种天生的凝聚力，自他1973年从南京师范大学调入昆明植物所后，我就被他的创业精神、人格魅力和博学多才所折服。很短时间，他就成了我无话不可对其言的良师诤友。他偏爱郑板桥，对其诗书画均有研究，写得一手"六分半书"，无论是笔法还是间架结构，与板桥体都很近似，见者无不佩服。他还是国粹京剧的票友，客串过《打渔杀家》的萧恩和《借东风》的孔明，唱腔有板有眼、字正腔圆。臧穆情怀高远，博古通今，雍容大度，能与之相识相交，乃我之大幸。他曾经给我题写过两次赠言，一是郑板桥的题画诗："咬定青山不放松，立根原在破

为臧穆所画的速写小像　1985年　　　　青松蘑菇图　2011年

岩中。千磨万击还坚劲，任尔东西南北风。"一是 2007 年我从北京返昆明，专程登门探访时，他将刚出版的《中国真菌志》第二十二卷赠送于我，并在扉页用板桥体题款："由一九七三年始，或砚边畅谈，或野外共趣丹青，助我至巨。此拙著益得忙中鼎助，三生有幸，增我光辉。博公一笑并祈指正。"这虽然纯属客气的款式，于我而言，却蕴含着难忘的回忆。2011 年底，我因轻度脑梗在北京治疗，忽闻臧穆因糖尿病并发症不幸去世。噩耗传来，悲痛不已，唯有拿起画笔，信手恭绘了一幅《青松蘑菇图》，以志缅怀。落款中有一句话："率真无遮拦，执着任平生。"这就是我心中的臧穆。

记得 1995 年，中国科学院下达文件，破格准予自 20 世纪 50 年代以来，全国范围内参加工作的中学毕业生，从事科技工作而有成绩者，可按 3% 的比例授予研究员级职务任职资格。

当时并未公布文件，时任职称考评委员会委员的李锡文老师认为我在文件规定范围之内，应该争取报名。臧穆、黎兴江、李恒几位老师得知以后，都认同李锡文的看法，动员我报名。我没有思想准备，也没有信心。在他们的激励下，我鼓起勇气报名一试。我认为自己入选的可能性不大，不过是走个过场而已。臧穆和李恒与我认真交谈了两次，批评我不认真准备，甚至说："不准认尿，我们盯着你，不努力饶不了你。"

当时已临近考核期，我忙着准备材料，考核前一天才发现要考英语，总共 100 分，英语占 20 分。我没有学过英语，遂找时任所长许再富询问，可否放弃英语，答复是："要放弃，就统统放弃。"臧穆听说此事后，仍鼓励我："考就考，没什么大不了！"他让我整理一份中文摘要，他帮我翻译，要我当晚就背下来。

第二天就要作报告了，我既没有强烈的愿望，更没有信心，开始打退堂鼓。李恒见状严肃地说："不要尿，你退出的话，太没出息了。批不批是学术委员会的事，考不考是你自己的事。几十年才有一次机会，不准轻易放弃！"500多字的中文摘要，臧穆很快就翻译好了，还录了磁带，一并给我。我忙着填写材料，直到晚上10点多才拿出臧穆借给我的录音机，跟着磁带读。英文读着拗口，根本记不住，索性就全部用中文注音：Flora，弗罗拉……练到12点就睡着了，根本没背会。

次日一早考核就开始了，吴老主持，下边坐着的除了昆明植物所的领导、学术委员会的老师，还有云南大学、中国科学院昆明动物研究所的专家。刚上台时我有些紧张，作完工作报告以后，我把在所外的一些活动情况也做了汇报，这些内容鲜为人知。当我把包括参加全国美展、科普美展获得的奖项，以及邮票设计最佳奖、专家奖等厚厚的一摞奖状递交给人事处处长时，她笑着对我说"你奖状还是挺多的嘛"。我也就放松起来。每讲一个奖项，她就把奖状拿给台下的评委看一圈。

突然，我听到吴所长提醒道："时间不多了，你的英文摘要还没讲啊。"瞬间大脑空白，至少10秒钟完全处于真空状态，一下子不知如何是好，感觉初中学代会传达汇报的窘态又要出现了。我随即一想，都到这一步了，横竖也就是这么回事。于是，我首先声明自己没有学习过英语，这份摘要是室里的老师昨天帮我写的。不说明就是弄虚作假。说完以后，我稍微轻松了一点，昨晚背的开头几句还能记起来："Ladies and gentlemen, my English is poor……"一张口我就平静了，参照着标注的中文把三页稿子念完了。念的过程中，坐在后排的赞英问旁边的刘培贵老师："听得懂吗？"答："还行，就是不连贯。"没想到我讲完后，场内居然鼓起了掌声。

几天后，李恒见到我神秘兮兮地说："你猜猜你英语考了多少？"我嘟囔着说："我哪儿知道啊。""79分！"李恒颇有些为我这个意外的结果喜形于色。太出乎意料了！莫非评委心生同情？或许是绘图工作对英语要求不高？

最终，经昆明植物所专业职务任职资格评审委员会评审通过报中国科学院核准，我被授予研究员级高级工程师任职资格。高级职称资格考核很严格，所里好几位出色的科研人员都没评上。我通过了，感觉很幸运，也很清醒，一个中学生能成为有一技之长的科技工作者，是众多师长的帮助和植物所的环境条件造就的，知遇之恩无以为报，唯有不懈努力，不负教诲。

进入20世纪90年代中期，《中国植物志》《西藏植物志》项目我所承担部分的编研任务业已完成，并陆续出版，《云南植物志》我所承担的1~8卷也基本完成，分类室科研工作重点由植物分类学转为植物系统学和植物区系地理学，绘图任务大量减少，时间相对宽松。这是我参加工作以来难得的悠闲期，然而，我们每一个人并没有丝毫松懈，在任务优先的前提下，纷纷自主地选择心仪的课题。肖溶子承父业，抓紧时间收集工笔花鸟画素材，进行创作；李锡畴开始在山水画和书法上投注精力；吴锡麟应邀为黎兴江老师的《中国苔藓植物志》画插图；杨建昆对钢笔画和水彩画情有独钟；王凌争取到机会去云南艺术学院进修；我则正式展开积攒已久的百鸟图计划。

画鸟之心，始于"523"任务，行于1983年。

那一年，所里特许我去北京师范学院（现首都师范大学）

各种鸟类写生　1982年
速写本　钢笔墨线

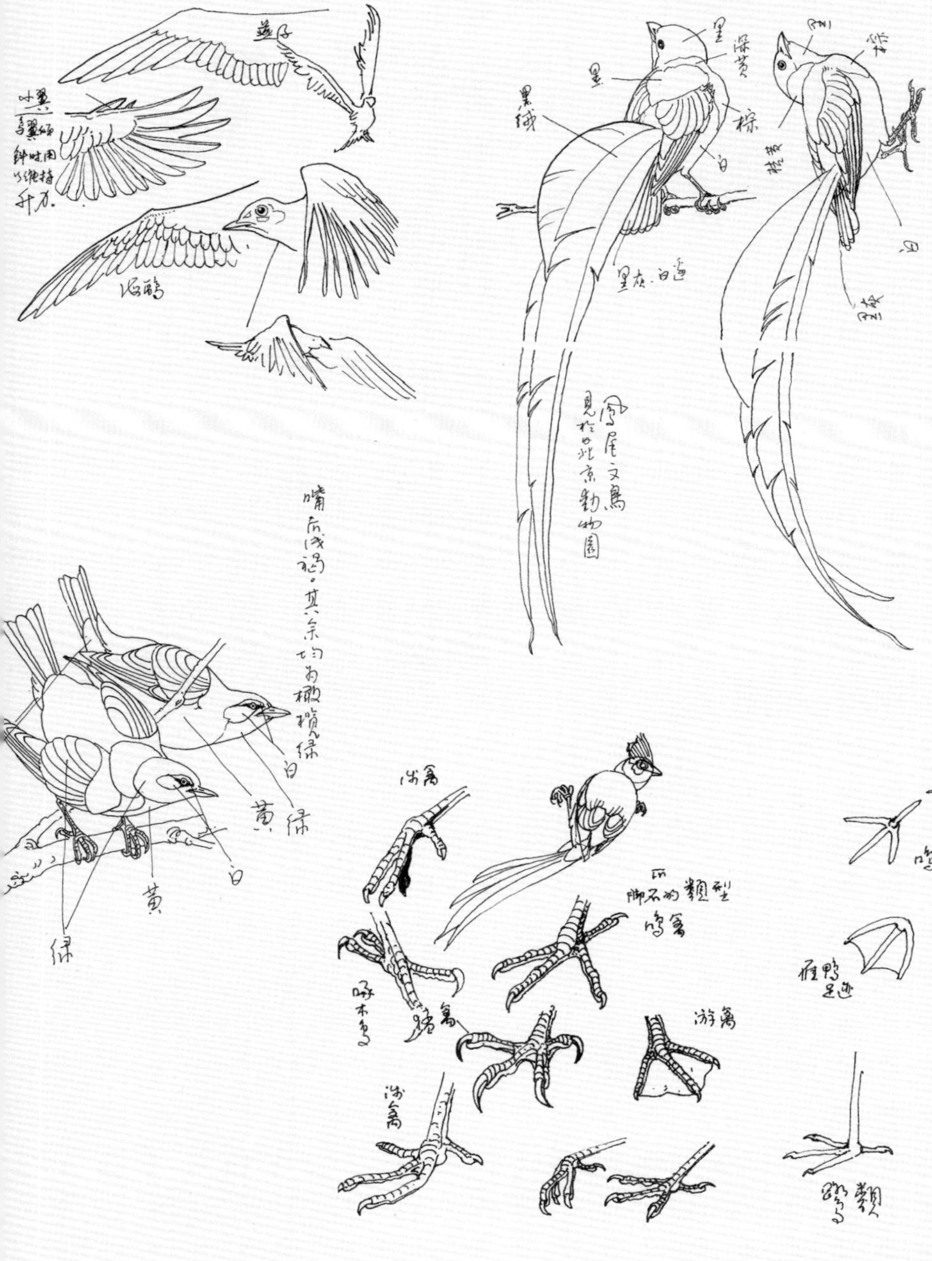

[上] 环颈雉　1982 年
速写本　钢笔墨线 + 炭笔

[下] 孔雀写生　1982 年
速写本　钢笔墨线 + 炭笔

在动物园画鸟

美术系进修一年。我对人体素描和色彩基础课已经不感兴趣，请求负责培训班的吴敏荣老师允许我外出重点学习中国画的理论和实践。在吴老师和中央美术学院郭怡孮教授的夫人邵昌弟老师的帮助下，我取得了中央美术学院国画系的旁听证，非常幸运得以从1983年4月至6月，在中央美术学院国画系聆听郭怡孮教授的"中国画创作"和张立辰教授的"中国画向何处去"两门专题课。理论与实践相结合，使我受益颇丰。随后我又拜工笔花鸟画名家万一教授和写意画名家衲子先生为师，不定期携习作登门求教，聆听老师解析指正。

这段时间我一直得到《中国植物志》编委会的关照，住在编委会办公室内（编委会的一座平房小院在北京动物园内的畅观楼附近）。听课以外的时间，我就在动物园内画各种鸟的动态、速写和局部构造。近水楼台，如鱼得水，当时积累了不少素材，也画了一部分工笔花鸟画的小写意作品，为我后来的鸟类画创作开了个头。

1992年至1993年在香港期间，我有一个意外的收获。当时在朋友的带领下去港岛一处僻静小巷逛旧书店，发现一本英国博物画家阿奇博尔德·索伯恩（Archibald Thorburn）的鸟类博物画集《索伯恩鸟类图鉴》（*Thorburn's Birds*），还有西方最著名的鸟类博物画大师约翰·詹姆斯·奥杜邦（John James Audubon）的画册《美洲鸟类》（*The Birds of America*），我如获至宝，两本书都买了。这两本书极大地丰富了我在港期间的业余生活。细细品味，前一册更符合我的审美情趣。创作热情受到激发的同时，我也大致规划了内容和形式，确定要画100幅以云南鸟类为主，主体与生态环境并重，环境虚实结合、取舍得当、留有余地并营造氛围，以凸显主体的作品。

有了素材、技法和创作思路上的准备，我就再也压抑不住创作欲望了。鸟是大自然的精灵，漫长的自然选择赋予它们得天独厚的羽毛和翅膀，任其自由自在地翱翔。它们对我太有诱惑力了，此时不搏，更待何时？从1995年开始，见缝插针也好，夜以继日也好，我再没中止过百鸟图的创作。恰逢分类室承担的植物志任务大部分完成，分类室研究工作的重点由植物分类学转为植物系统和区系地理学，绘图任务锐减，我便有大量自己掌握的学习时间，画百鸟图的进度也就加快了。

按预先的构想，新作品并非画科学画，而是带小环境的鸟类博物画。为了掌握形态特征，与画植物画一样，也要学习鸟类分类知识，还要学会查阅相关资料。我拜中国科学院昆明动物研究所的鸟类专家杨岚[1]教授为师，有困难就去请教。在他的指导下，我的创作过程就踏实多了，创作中尽量避免物种特征的误差。

---

[1] 杨岚（1933—2019），云南大理人，鸟类学家，中国科学院昆明动物研究所研究员。与杨晓君主编《云南鸟类志（上下卷）》（1994，2004），著有《本草纲目禽部鸟类今释》《野趣人生》等。

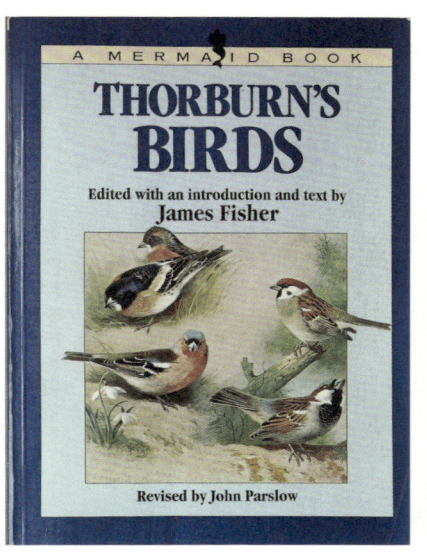

［上］在香港购得的《美洲鸟类》的封面
［下左］《索伯恩鸟类图鉴》封面
此书是索伯恩鸟类博物画选集，由詹姆斯·菲舍尔（James Fisher）主编，约翰·帕斯洛（John Parslow）修订
［下右］《索伯恩鸟类图鉴》插图

鸟类的主要分类特征和植物完全不一样。杨岚老师给我看了很多动物所的鸟类标本，对照标本给我逐一讲解细节。比如初级飞羽、次级飞羽、三级飞羽，冠羽，大复翼、小复翼，不同鸟类鸟爪形态的不同，脚趾鳞片随着结构发生的变化，等等。在他的指导下，我对鸟类的形态特征基本做到了心中有数。

与此同时，我也选择性地参加美术界的一些活动，旨在提高艺术修养，增进学习交流。1994年，我画的一幅丹顶鹤在湿地活动的中国画《沐浴》，入选第八届全国美术作品展览。由于创作过程较仓促，我认为很一般，被选上不过是幸运而已。

1995年12月，经所领导同意，经国台办批准，我携《白腹锦鸡》《红嘴鸥》等6幅鸟类作品赴台北参加台北国际生态艺术展。

沐浴 1994年
纸本 中国画
入选第八届全国美术作品展览

红嘴鸥 2003 年
纸本　中国画

生态静物画作品 1994 年
纸本　水彩
杨恩生绘

　　此展由台湾历史博物馆和台北市生态艺术协会联合举办。与我同行的还有中国美协水彩画艺委员会主任黄铁山和青岛大学美术学院院长陶世虎。两位都是水彩画造诣极高的大家。黄老师主张西画为体、中画为用，把水彩画的技法融入中国传统画之精髓，他的作品《鱼鹰》和《藏羚羊》栩栩如生。陶老师在水彩画领域可算是古典主义大师，而又具备时代的清新气息，他带来的《生命》和《雪地东北虎》极其严谨，应物象形，精准至极。倘若陶老师愿意按生态学的理念创作，必定是生态艺术的领头人。第三位大家是东道主、台湾师范大学教授杨恩生。他终生酷爱以鸟类和其他野生动物为主题的水彩画，是台湾最著名的生态艺术画家。他的作品色彩亮丽而协调，虚实相生，浓淡得体，有油画般的厚重感，他是这次展会的发起人之一。这次展出的还有中国台湾油画家韩舞麟、俄罗斯画家维克多等人带来的优秀作品。这是一次非常有意义的海峡两岸和各国生态艺术家欢聚一堂的盛

白腹锦鸡 1996 年
纸本 水彩
这幅作品被台北国际生态艺术展选为邀请函图案

会，让我大开眼界，受益良多，对百鸟图的创作更有信心。

1997年，百鸟图的创作基本完成。周围同事都为我高兴，经好朋友杨崇仁推荐、所领导批准，日本涌永制药株式会社正式邀请我去日本印制画册。

办好签证以后，我只身一人提着一个沉甸甸的图袋和一个画筒，把100幅原作带往日本。3月25日到达广岛机场，第二天到达涌永本部。一下车就发现，在蓝天白云映衬下，飘扬着一面庄严耀眼的五星红旗，与日本国旗并列在主楼前的开阔地上。我问随车翻译为何会有中国国旗，他说："不是为了迎接你嘛。"我顿时心潮澎湃，激动泪目。我本一个普通百姓，何以接受如此礼遇。我意识到普通人到了国外也要扛起中国人的形象，此行必须谨言慎行，不卑不亢，有礼有节。来到草井社长的办公室，会议桌上也放着中日两国国旗，我慎重地把带来的画稿移交给他，经工作人员签收，准备立即送往印刷厂。社长要我亲笔书写书名并签作者名。

我在猿渡部长的陪同下去了负责印制本书的坂井印刷所，社长陪我参观了制版车间和印刷车间，已开始翻拍、分色、制版。第四天，我又去了印刷所，沟通我对校色的意见。随后几天，在猿渡陪同下，我参观了广岛植物园、东京国立科学博物馆，以及东山魁夷美术馆、平山郁夫美术馆，游览了京都等地。此间，百鸟图已完成制版过程。4月6日我带全部原稿由成田机场飞回北京。不得不说日本朋友工作效率确实很高，当年5月5日《云南百鸟图》出版发行，一周后我在昆明看到成品。

这本书是天时、地利、人和共同促成的成果。除感激昆明植物所领导和同事的支持鼓励以外，还要感谢杨岚老师的鼎力相助，更难得的是，中国鸟类学会理事长郑作新院士为本书写了序言，我一直铭记他的勉励。《云南百鸟图》是我退休之前完成的第一本个人画集，了却了多年的一桩心愿，也是我顺应时代变化，实现从科学性博物画到艺术性博物画的转型作品。

鸳鸯　1993年
纸本　中国画
《云南百鸟图》作品

[右页] 普通翠鸟　1994年
纸本　水彩＋水粉
《云南百鸟图》作品

Alcedo atthis

[左] 黄腹花蜜鸟 1993 年
[右] 山麻雀 1995 年
纸本 水彩＋水粉
《云南百鸟图》作品

棕肛凤鹛 1993年
纸本 水彩＋水粉
《云南百鸟图》作品

东方大苇莺　1996年
纸本　水彩＋水粉
《云南百鸟图》作品
2024年该作品被人民教育出版社《义务教育教科书　科学》(四年级上册)收录为教材插图

第五章　退而不休

退而不休

原以为，退休就是安安静静做计划以内的事。殊不知意料之外的事接踵而来，应接不暇。能发挥余热是老者之幸，不亦乐乎。老人自有老人的乐趣。退休不是中止，是延续和新的起点，是意犹未尽。"老牛自知夕阳晚，不用扬鞭自奋蹄。"

我正准备放手一搏，开展新的课题，不幸眼疾突发，医生诊断为疱疹性角膜炎。这已经是第三次发作了，前两次不严重，三五天就痊愈了，这次病情加重，双眼畏光、刺痛、流泪、视力散失，住了10天医院症状还没有完全消失。昆明医科大学第一附属医院的两位主任医师牟奇云、李含玉为我精心治疗，告诉我角膜已经变薄，再恶化就要进行角膜移植。要找一个合适的角膜捐献者谈何容易，况且我已年近花甲，过了接受移植的最佳年龄。出院时，医生警告我要注意休息，加强营养，不能感冒。这次眼疾复发对我打击太大了，我一向对自己的身体信心满满，干劲十足，精力充沛。哪里出问题都行，为什么偏偏是眼睛？我还有很多未完成的梦，莫非就此打住？室领导和同事都安慰我，让我休息一段时间。我哪是闲得住的人，第二周就小心翼翼地开始干活了。无奈才过了一个多月，小小的感冒又导致眼疾复发。这次还好，因为住院及时，一个星期就出院了。住院时间虽短，但对角膜炎的严重后果更担心了。所领导知道后也很关心，人事处说可以考虑提前退休，经过慎重考虑，我提交了退休报告。1997年11月，我获准提前一年半退休。我下决心一定要争取把眼疾治好，只要眼睛问题解决了，我就可以无限期地工作。随后，我又去找了李含玉主任，向她请教防治角膜炎的最佳途径。她详细地给我进行了一次科普，并告诉我人造角膜已经广泛使用，必要时可以到北京同仁医院做移植手术，解除了我的很多顾虑。通过李主任，我认识了李主任的丈夫、云南省著名书法家劳伟先生。劳伟虽身患严重的心脏病，却常年坚持书法创作，博学而达观，他的字古朴简约，格调高雅，令我倾慕。言谈间，我们对《前赤壁赋》中的"无尽藏"颇有同感。劳伟随后书赠予我，并附整段原文。此幅四尺整张的书法作品我装裱后挂于客厅，百看不厌。后来劳伟老师又将苏东坡《定风波》中之佳句"谁怕？一蓑烟雨任平生"与"无尽藏"合成一副对联，书赠予我。上联：万古风月无尽藏；下联：一蓑烟雨任平生。此联概括了苏东坡面对世间万物和人生风雨初衷不改的超然情怀，正合我退休之初的心境。那时我精力充沛，从退休到七十五岁之前，我除偶发角膜炎、一次轻微的脑梗、一次肺炎之外，几乎没有任何病痛。除非全家团聚，从来不过周末和节假日。不是不休息，画画对我来说就是最好的休息。我曾自嘲："年纪不老小，积习改不了，每天画个够，何处寻烦恼。"晚年的时光就在忙忙碌碌之中不知不觉地溜走了。

退休以后的第一件大事是中国科学院植物志编辑委员会于 1998 年 5 月 1 日颁发给我个人的"中国植物志成果奖"。当我打开奖状一看，顿时泪眼蒙眬，好不容易才平静下来。为《中国植物志》绘图是我平生最重要、历时最长的工作。164个同行尽心尽力，每个人只能做其中的一小部分工作，何况我是一个后学者。我想都不敢想获此殊荣。我不敢问来龙去脉，也没有向任何人展示，只能默默铭记于心。毫无疑问，这是对我人生价值的肯定，也是最大的鼓励和安慰，为我往后的岁月增添了动力。

同年，在云南省科学技术协会和省科普作家协会的推荐下，中国美术馆举办了"百鸟图——曾孝濂科学美术作品展"。出乎意料，观众络绎不绝，展览颇受欢迎。中国科学院植物研究所绘图室的朋友在冯晋庸老师的带领下来了，中国医学科学

雉鸡（环颈雉） 1998 年
纸本 水彩 + 丙烯颜料
《云南百鸟图》作品
中国美术馆收藏

院的老朋友陈月明来了，日本湧永制药株式会社的老朋友猿渡先生和中国台湾自然科学博物馆的老友吴声华也专程赶来。参观结束后，陈月明请客聚餐，大家交流了很多。我意识到，从某种意义上讲，这次画展并非我的个人行为，而是代表着我们这个默默无闻的群体向公众展示一种鲜为人知的艺术形式。展后，中国美术馆收藏部门明言要收藏 5 幅作品，我只舍得留下一幅《雉鸡》（环颈雉），中国美术馆还为我颁发了收藏证书。

回到昆明，云南人民出版社决定出版《云南百鸟图》中文版书名改为《中国云南百鸟图》。签订出版合同后，我立即协助编辑李志民翻拍全部作品，并为每幅作品撰写简要的说明。我非常感谢前辈马识途先生和知名画家、中国科学技术协会研究员沈左尧为我撰写序言。我在后记中写道："我不期盼人人都喜欢这些画，但愿看画的人也能喜欢这些鸟。人和自然应该和谐相处，鸟类和人类一样应该拥有生存和繁衍的权利。"

1998年末，我的角膜炎再次复发。无可奈何又经历了一次折磨，两周之后才得以出院。出院第二天，视力尚未完全恢复，家里就来了一位贵客，自我介绍是1999年世界园艺博览会（以下简称"99世园会"）筹备处处长余泽琳，约我为第二年在昆明举办的"99世园会"设计门票图案，内容是正在建设中的世博园五大场馆和中国十大名花。虽然有些应接不暇，我还是毫不犹豫接受了。因为在我看来，A1级的世界园艺博览会[1]首次在中国举办，有着非同一般的历史意义，若能为这次盛会贡献微薄之力，是机遇和荣幸。

由于五大场馆尚未竣工，周边绿化也未开始，故这次设计带有一定的创作成分，难度较大，我几易其稿才得以通过。我国十大名花——梅、兰、菊、牡丹、月季、山茶、杜鹃、荷花、桂花、水仙——倒是一稿成形。一共17幅门票图案设计稿全部入选。

当时在现场写生作画很艰苦。世博园的建筑还没封顶，正在建设，树还没栽，在工地上找不到公共厕所，很狼狈。庆幸的是，虽历时4个月的高强度劳作，但我的眼疾没有复发，大概是老天保佑吧。成品门票是名片大小的硬卡片，那时不兴

---

[1] 世界博览会分为综合性和专业性两大类。专业性博览会的级别由高至低分为A1、A2、B1、B2四个级别。世界园艺博览会属于A1级。

刷卡，入园时打一个小圆孔为记。

1999年5月1日，昆明世园会开幕，经过184天的会期，于10月31日闭幕。据悉国内外参观人数达950万人次。参观者都把门票作为纪念品收藏，相关公司还发行了门票收藏纪念册。我虽辛劳，未负众望。23年后，也就是2022年，政府部门在世博园内举行纪念会，并举办了回顾展，我设计的五大场馆原稿和另外两幅花卉作品也收列其间，感怀之余，思绪万千。

画完十大名花之后，我没有停息，趁热打铁，接着用水彩画了不少周边开花的植物。1999年，在昆明市邮政局朋友陈锦的大力协助下，《花之韵》画册、《鸟语》《花香》明信片集在4月由人民美术出版社出版；应荣宝斋出版社之约的《曾孝濂花鸟小品》也在5月出版。

回望初衷，能为"99世园会"的成功举办贡献自己的绵薄之力，已足以令我感到宽慰，也为《中国·云南百花图》的创作开了个好头。

退休以后我还做了两件值得留念的事情。

其一是时任所长郝小江要我为昆明植物所设计所徽图案。此任务非同小可，比画一幅新种图更需慎重。我以中国特有属星叶草的形象为蓝本，经过抽象概括处理为简略的花形图案。彼时植物化学资源的开发利用已经上升为我所重要的研究方向之一，植物化学研究室有望成为我所首个国家重点实验室，如何在所徽图案中对此有所体现成为一大难题。经过日夜思索，我用花瓣基部的延伸线在花心部构成了一个有机苯环的六边形。从整体看，花代表植物领域，花瓣代表各学科部门。从整

[上]中国馆门票图第一稿　1998年
纸本　水粉＋水彩
[下]人与自然馆门票图原稿　1998年
纸本　水粉＋水彩

［上］大温室门票图原稿　1998年
纸本　水粉＋水彩
［下］中国馆门票图原稿　1998年
纸本　水粉＋水彩

[上] 国际馆门票图原稿　1998年
纸本　水粉+水彩
[下] 科技馆门票图原稿　1998年
纸本　水粉+水彩

试运营门票图采用稿 1998年
纸本 水粉＋水彩

五大场馆概念海报图　1998 年
纸本　水粉 + 水彩

[上]云南山茶 [下]马缨杜鹃
纸本 水粉+水彩
"99世园会"十大名花门票图原稿

牡丹
纸本 水粉＋水彩
"99世园会"十大名花门票图原稿

[上] 网檐南星　2000年
纸本　丙烯颜料+水彩
《中国·云南百花图》插图
[下] 牡丹　2000年
纸本　丙烯颜料+水彩
《中国·云南百花图》插图

[左] 中国科学院昆明植物研究所所徽图案设计稿及所徽
[右] 中国科学院昆明植物研究所北大门门柱

体到局部，从宏观到微观，我想通过简单醒目的图案，寓示多学科协同的综合性特色植物研究所。我的良苦用心，最终得到了所领导的认可。

其二是所里要我为植物所北大门做设计方案。所基建办公室的田志端找到我说，北大门要作为所植物园对外开放的主要通道，需扩大改建。建筑设计部门提交的两次设计方案均不符合要求，希望我能提供一个与植物园环境相适应的方案。我虽然对建筑设计一窍不通，但这是我工作了大半辈子的地方，有感而发，说不定能有与众不同的效果。我觉得不妨一试，于是答应下来。我在实地转了半天，从不同角度观察植被的高矮疏密，以及园内景观的透视变化，像画画构图一样，设想大门以及值班室、售票处、出入口、门栅的大概位置，着重要建一座较高的、象征植物构造的装饰门柱，既要醒目，又要与环境协调。柱体分立面，可标注文字，柱顶画了好几个造型草图，我又从中选了一组三片花瓣状外翻的几何体，中间托着一个寓意果实的圆球。没想到我这个门外汉想出来的设计，最后居然也被采用了。

2000 年，中国科学院古脊椎动物与古人类研究所古鸟类专家侯连海研究员找到我，非常恳切地邀请我为他的重要著作画插图。经过慎重考虑，我一个人能力有限，不敢承诺。我想邀约刚认识的杨恩生一起做，如果对方答应，可以共同承担。没想到杨老师非常痛快地答应了，三天以后就从台北来到北京。侯教授很高兴，立刻在所里开了一个小型五人会议，除我们三人以外，还有有专业背景、可以把化石骨骼复原的资深画家侯晋封，以及杨恩生的助手孙建军。会上明确了侯老师亲自负责提供古生物形态特征和生态环境资料，侯晋封把横七竖八的化石骨架搭起来，我和杨恩生负责构图上色。

这是我第一次画古生物复原图，生境的植物也要根据相同地质年代的化石标本绘制，更难的是羽毛的颜色没有依据（据说现在已经可以通过显微研究推测羽毛的颜色，当年还没有这样的技术条件）。侯老师授权我们自主发挥，他最后拍板。经过三个多月谨慎的工作，我仅完成了 18 幅，杨老师画了 20 多幅。《中国古鸟类》2003 年由云南科技出版社出版。书中，侯老师总结了他多年研究的中生代至新生代鸟类起源和演化的成果。

完成古鸟类插图工作之后，2003 年上半年，所里的王原博士（时为古低等脊椎动物研究室副研究员）约请我为世界级的化石宝库热河生物群画一幅多物种的生态复原图。这是张弥曼院士团队研究的重大课题。

由于我缺乏古生物学知识，知道难以完成如此重任，但是王原博士承诺他会一直配合这项工作，提供所有相关的资料。我初步了解热河古生物化石群是发现于我国辽西义县、北票、凌源一带，被誉为20世纪全球最重要的古生物发现之一。热河生物群包括1.3亿至1.2亿年前的白垩纪早期的许多重要生物门类，从恐龙演化到鸟类，兽类的起源，以及昆虫与有花植物的出现等，为古生物演化提供了重要的研究依据。于是鼓起勇气，接受了这一挑战，画得不如意，哪怕是为科研工作做点形象的补充也是有意义的。

我在王原的帮助下，从构思起稿到每个物种形态特征的把控都多次修改。初稿完成后，经张弥曼院士多次过目，再修改，历时3个月的时间，基本完成。2003年年底，我收到张弥曼院士寄赠的英文版《热河生物群》（*The Johol Biota*）论著，书中跨页印载了此图，她还亲笔书赠用此图印制的新年贺卡，我倍感欣慰。

2004年，为侯连海老师创作的《中国古鸟类》中的插画《圣贤孔子鸟》入选中国美术家协会主办的全国科学漫画、连环画、插画大展，意外获得了金奖。一个古生物学的门外汉，能获此殊荣，其实是有点心虚的。但是，从另一个角度看，生命科学的内容涵盖了生物及其环境在发生演化过程中的每一个阶段，包括了众多的学科领域，任何人包括专家学者只可能了解获取本学科的阶段性知识。人类对大自然的认知是局部的，而客观世界的存在和发展是无穷的，我们每个人只能从事其中的一部分工作。作为一名博物画画家，画什么学什么，只要虚心向专

义县锦州鸟　2001年
纸本　丙烯颜料

圣贤孔子鸟　2000年
纸本　丙烯颜料

热河生物群复原图　2003年
纸本　丙烯颜料为主的综合材料
中文版《热河生物群》(上海科学技术出版社,2001年11月出版)书中收录的《热河生物群复原图》是老友杨恩生所绘,反映了当时学界认为热河地区气候较为潮湿的观点。我的这幅作品是专门为英文版《热河生物群》(上海科学技术出版社,2003年12月出版)绘制的,增加了不少新内容、新成果,也变换了场景背景,突出了火山和湖泊环境,反映了这一领域学术研究的最新进展。

第五章 退而不休

家请教，用多样化的艺术形式反映符合科学理念的客观内容，就可以大胆地实践。

画完古生物复原图之后，我又马不停蹄地回来画百花图，其间去了一趟滇西北玉龙雪山和白马雪山，又去了一趟西双版纳，补充了一部分高山花卉和热带花卉。

花是物竞天择之造化，是美的化身。它是种子植物渴望生存繁衍而演化出来的最狂热、最绚丽、最奇妙的表现形态，本意是吸引昆虫和其他小动物来为自己传粉，无意间把地球打扮得五彩缤纷。花不是为人绽放的，人却自作多情，从花那里得到爱和美的启迪。爱花之心，人皆有之，花木之美，人共抒之，发之为歌，吟之为诗，写之为画。画花就用眼睛去观察，用心灵去感受，用真挚的绘画语言反映出它的生命状态。倘若作品能唤起观者的认同感和亲切感，为大家带来一丝大自然的清新气息，就是对我们劳动的最大奖励。

2002 年，百花图终于完成了，云南美术出版社的编辑彭鸥嘉是我的好朋友，我们曾经一起在西双版纳画过写生，她负责编辑和装帧设计。2003 年元旦过后，《中国·云南百花图》出版发行。

我虽已年过花甲，仍然神清气爽、劲头十足。《中国·云南百花图》出版后，接到日方药用植物补充名单，几经中断的《药用植物画集》须尽快完成。这项工作是经吴征镒所长同意，与日本湧永制药株式会社合作的项目，由东京药科大学指田丰教授负责文字及审核，我负责画插图。名单中的药用植物分布于我国各地，还要求画出药用部分，难度较大。刺五加是好几年前画的了，当时新鲜标本和带刺的根茎是猿渡老师请人从东

地涌金莲 1989年
纸本 水彩

北寄来的，寄到的时候花果和叶片都蔫了，我赶紧抓紧时间绘制，尽可能呈现其原貌。大蒜是1996年就开始画的，本来是常见的栽培种，但种植的大蒜是无性繁殖，不需等到开花结果就收成了。为了寻找它的花果，我从昆明郊区一直找到江川县，才第一次见到完整的大蒜植株。甘草、蒙古黄芪在云南没有栽培，直到2002年才好不容易在北京的中国医学科学院药用植物园找到了。三七是杨崇仁托朋友移栽到盆里带到昆明的……凡此种种，也是只求尽力而为。我记得最后完成的是辛夷、橘和内蒙古的肉苁蓉。

2005年6月，《药用植物画集》终于出版。感谢指田丰教授的密切配合。涌永不仅出了书，还制作了带镜框的复制画，发放给予涌永有业务关系的日本各地汉方药店。中国传统医学在日本的普及程度大大超乎我的想象。完成这项退休之前就接受的任务之后，我如释重负，松了口气，同时也颇感内疚。断断续续许多年，总共才完成了50幅画，于心有愧。

2006年7月底至8月初，受泰国清迈诗丽吉王后植物园（Queen Sirkit Bontanic Garden）纳瓦科姆（W. Navakom）园长邀请，我与成晓（时任昆明植物园园林部部长）、杨建昆三人同行，来到热带兰花争奇斗艳竞相开放的诗丽吉王后植物园，参加由该园和亚洲植物艺术家协会等机构联合主办的"热带植物插画国际会议"。首次与东南亚、东亚各国画家欢聚一堂，与会画家带来了琳琅满目、有浓厚的地域和民族特色的众多作品，我带去的10幅作品全部参展。其间还举行了多场报告会和技术交流会。第一次与日本一流女画家石川美枝子见面，我对她的作品尤为欣赏，她的博物画既有严谨的写实性，又有日

紫苏　2000年
纸本　水彩＋丙烯颜料
《药用植物画集》插图

大蒜 1996 年
纸本 水彩＋丙烯颜料
《药用植物画集》插图

人参　1996 年
纸本　水彩 + 丙烯颜料
《药用植物画集》插图

泰国热带植物插画国际会议留影　2006 年
成晓（左一）、石川美枝子（左二）、杨建昆（右三）、曾孝濂（右五）

猪笼草
石川美枝子绘

本浮世绘花鸟画韵味。我们保持了多年的友谊，多次收到她从日本寄来的印制精美的新作品。

　　为了交流和学习，我还应邀参加了美术界的多次交流展览活动。2008 年，作品《水晶兰》入选美国纽约州立博物馆国家博物画画展。2009 年，非常荣幸地应邀为云南省人民政府新落成的会议中心海埂会堂创作大型国画《瑞雪丰年鹤自来》(4.2 米 ×3.6 米)，历时 40 余天终于完成。中国画《雪霁》《幽谷翠羽》等 7 幅作品入选文化部中外交流中心在北京中华世纪坛世界艺术馆举办的"神州风韵——首届华人书画艺术年展"。同年，《绿野天涯》入选中外文化交流中心在中国美术馆主办的"中国画名家手卷作品展"。2010 年，《蓝孔雀》入选印度驻中国大使馆在歌华大厦举办的"中印建交 60 周年绘画艺术展"，被授予"印中友谊艺术家"荣誉。2011 年被

七十三岁自画像 2012 年
纸本 中国画

聘为文化部中外交流文化中心国韵文化书画院艺术委员会委员。2012年,《鲁迅先生像》《祥林嫂》两幅作品入选北京鲁迅纪念馆主办的"鲁迅诞辰130周年画展",并都被该馆收藏。2014年,《桃儿七》植物画入选美国卡内基梅隆大学举办的国际植物艺术画展,展后被收藏。2017年,《金色胡杨》《山林溪流》入选中国国家画院国展美术中心主办的"心纳美境·首届国展美术名家邀请展",两幅作品也均被收藏。

参加这些活动本意是以画会友,以友辅画。主办方聘请的艺术顾问总少不了当今知名画家。中国美术馆馆长范迪安先生几乎是每次必到。参展作者中也有很多是我从未谋面而早闻其名的画家,我每次都沉默寡言,不参与评头论足,看画足矣。一次开幕式后的饭桌上有人问我师从何人,我回答:"无门派,我是画标本的。"满桌人皆好奇,瞪大眼睛看着我。

我在北京期间受益颇多，每次活动过后都有一本参展作品画册，可以细细品味。年逾古稀，没有必要迎来送往结交朋友，神交即可。我的作品也无须进入市场，故而多次拒绝了拍卖行的邀请，即便作品被主办方收藏，也是公益性的，留一份收藏证即可。博观而约取，不亦乐乎。

还有一段有趣的小插曲。2008年11月，台湾法蓝瓷股份有限公司创始人陈立恒先生来访，邀请我为他们研发五彩釉下彩的绘制技法。我对瓷釉艺术一窍不通，婉言推脱。陈先生说你先去台湾看一看，一定会感兴趣的。盛情之下，却之不恭。去长见识，未尝不可。经我所领导同意，外事部门逐级办理了大陆居民往来台湾通行证，11月23日到达台北。在陈先生的陪同下，参观了法蓝瓷总部。法蓝瓷坚守釉下彩的环保理念，

瑞雪丰年鹤自来 2009年
纸本 中国画
画中所绘之鹤为黑颈鹤

五彩釉下彩画瓷培训班示范稿样品　2009年

在传承中国老祖宗的瓷文化基础上有所创新，三维造型和平面彩绘结合，生产出各种通透晶莹的立体造型，广受国内外欢迎，且获得众多大奖，在全球有近6000个销售点。法蓝瓷的设计团队是一群崇尚自然美、有深厚专业背景的年轻艺术家，我们有很多共同的语言。当时五彩釉下彩的绘制工艺还有待开发和探索，倘若能够加入其中有所作为，也是义不容辞的好事。于是我留下来和车间技工一同试验五彩釉下彩技法。随同我工作的人各司其职，提供何种瓷坯、何种矿物原料都用代号标注，烧制温度和时间也有专人管，无须告知我，全过程记录在案。矿物颜料依据烧制过程中的釉变情况每天都有调整变动，把过渡均匀的不变色留下来，把不和谐的去掉。我只管在吸水性极强的瓷坯上做实验。最难的是细部刻画和色彩过渡，例如浅色的细线条，既不可能留白，也不可能覆盖，绞尽脑汁才得以解决。我用什么工具、用什么调和剂、用笔的方法和顺序，都是他们记录的重点。经过一个多月的努力,达到了陈立恒先生提供的芬兰釉下彩参照样品的效果。我12月下旬回到北京,稍事休息。春节过后,又到法蓝瓷厦门生产基地进行深度试验。仍然是同样的流程,我逐步找到了规律。一个月后的某一天,公司方突然要我签署他们拟好的保密协议。我一看内容,顿时兴致索然,这有违我的初衷。其中,不可泄露给第三方尚可理解,但长期每月要检查我的电脑和对外联络信息,有损个人尊严,断然不可接受。其实我介入釉下彩,纯属出于对他们发扬光大瓷文化的钦佩和支持,没有获取个人利益的动机,对他们所用瓷土和矿物颜料的名称、产地、代号内容问都不问,只是不断地试验在瓷坯上用矿物原料作画的工具和方法。白色线条和提高光的特殊画法都让他们重点记录,并当场示范,直到他们会用为止。我对企业管理和商业运作无知,为慎重起见,和北京的儿子通了一次电话。儿子问明情况,只说了两个字:"回来。"我拒签该保密协议以后,告别厦门厂方,准备返程。临行前一位女厂长代表法蓝瓷给我用信封装好的酬金,我谢绝了,清清爽爽地回到了北京。

原以为,退休就是安安静静做计划以内的事。殊不知意料之外的事接踵而来,应接不暇。能发挥余热是老者之幸,不亦乐乎。老人自有老人的乐趣。退休不是中止,是延续和新的起点,是意犹未尽。"老牛自知夕阳晚,不用扬鞭自奋蹄。"[1]

---

[1] 出自臧克家诗作《老黄牛》。

第六章 博物画与邮票设计

博物画与邮票设计

设计邮票并非个人行为，设计者担负着沉甸甸的责任。因为邮票被称为"国家的名片"，它不仅是邮资凭证，一旦发行，小小方寸就成了国家的标志，内容涵盖了国家的历史文化、自然风貌和风土人情。于我来说，参与设计纯属机遇，我只是把博物画引入邮票设计而已。

1981 年中英大理杜鹃花联合考察时的冯国楣（右）

  1990 年，冯国楣先生把我领进了一个新的领域——邮票设计艺术。

  在冯老担任中国杜鹃花协会理事长期间，恰逢邮电部[1]把杜鹃花选题列入 1991 年特种邮票[2]发行计划。当时正值集邮高潮，8 枚小票加 1 枚小型张在邮票发行中是重头戏，也就是说有 9 种杜鹃花要上邮票。云南省是杜鹃花分布中心，理所当然，此套邮票的专家顾问重任就落到了冯老头上。当时约稿工作已在头年结束，参加设计竞争的，除邮政部门的专业设计家以外，还有四川画院的画家和著名国画家吴作人先生的夫人萧淑芳老师。设计工作也已经进展到紧锣密鼓的冲刺阶段，冯老可能不知内情，在邮政部门相关负责人董纯奇和邓慧国来访时，贸然推荐我参加此项设计。

  按常规这是不允许的，可能是碍于冯老的面子，我从分类室被叫到植物园。寒暄过后，邓慧国对我说："冯先生推荐你参加设计，你看行不行？"我对邮票设计一点概念都没有，

---

[1] 1998 年 3 月，邮电部被撤销，与电子工业部重组为信息产业部，国家邮政局成立。
[2] 我国的特种邮票指纪念邮票和普通邮票以外的以特定选题为图案的邮票。我国发行的特种邮票的志号在 1966 年前都以"特"字开头，1974 年起"特"改为"T"。1992 年起邮票志号虽然改为以编年号发行，但仍在每枚邮票的右下角以"J""T"区别纪念邮票、特种邮票。

问了问格式、内容和具体要求，不知深浅，冒昧回答："那我就试试看吧。"邓慧国又强调一遍：下个月月底交稿。我感觉有些吃力，一个月的期限，完成8枚邮票（马缨杜鹃、黄杜鹃、映山红、棕背杜鹃、凝毛杜鹃、云锦杜鹃、大树杜鹃、大王杜鹃）和1枚小型张（黄杯杜鹃）的设计，时间太紧迫。邮票所选9种杜鹃中有6种生长在滇西北的崇山峻岭中，光是去野外写生都来不及，哪还有时间去构思和创作。何况当时杜鹃花花期已过，无法获得第一手资料，只能参考照片搞创作。然而照片总是有局限性的，何况不一定能找到理想的照片。

　　时间和季节上的不利因素，给设计工作投下了一丝阴影。冯老说："资料我这里都有，就按你画山茶花的方法画，应该没问题吧？"我转念一想，首先，自己生长在杜鹃花的故乡，对杜鹃花有丰富的感性认识和特殊的喜爱。其次，我本身就在植物所工作，可以直接得到相关专家的指点。再次，我曾经画过一些杜鹃花的白描和水彩写生，并且参加过《云南杜鹃花》一书的插图工作和《云南植物志》杜鹃花科的绘图工作，这些对我创作邮票有很大的参考价值。鉴于以上有利条件，纵然难度很大，我觉得还是应该把握这次难得的机会，不妨试一试。

　　事非经过不知难，我稀里糊涂就把这项任务接下了。从收集资料入手，在冯老的帮助下，我用三天时间找来了有关的文字和图片资料，扼要地记录了每一种类的特征。内容决定形式，要反映这些细微的特征，无疑可采用彩色博物画的表现手法。如果时间充裕，应该先画一两幅草图，但时间不允许我过多地推敲。为了抢时间，只得仓促上阵，用两三天一幅的速度

［上］**杜鹃花速写** 1978年
速写本 钢笔墨线

［下左］**黄杜鹃** 1990年
纸本 水彩
《杜鹃花》邮票首日封图稿中的一幅

［下右］在《杜鹃花》邮票首发仪式上

赶制。经过20多天的奋战，9月下旬，按时完成了。正好我要到内蒙古出差，协助内蒙古大学编绘《内蒙古珍稀濒危植物图谱》，路过北京，把画稿交给了邓慧国。

对这套图稿我并未抱入选的希望，我对它不甚满意。除客观原因外，在主观上我也过分拘泥于照片，不敢放手。这样的图稿必然失于呆板、缺乏生气。11月中旬，我从内蒙古返回北京，得知评审已过，我的图稿略胜一筹，但毕竟是新手，欠缺处须修改。当时尚无手机，我在野外工作无法联系，只有另聘一位中央工艺美术学院（现清华大学美术学院）的教授在原基础上按评委专家的意思修改。既然我回来了，也可再画一稿参加第二轮评审。我欣然接受，12月中旬，我住在邮电部招待所用两周的时间完成了第二稿。

这次画的图稿比第一稿有明显的改进：底色由深改浅，画面效果较原来更加明快；构图采用中国花鸟画折枝的形式，画面简洁，主体突出；以墨线勾勒，用固有色赋彩，辅之以西画中适度的色彩变化，基本上反映出杜鹃花的风貌。

完稿后返回昆明，过了两个月接到正式通知，我的设计稿入选了，将于1991年6月发行。这在当时的云南可算是奇闻，省邮政公司开始准备首发式。没有想到的是，1992年，在中华全国集邮联合会、中国邮票总公司等多家单位联合举办的第十二届全国最佳邮票评选活动中，《杜鹃花》被评为"最佳邮票"，集邮爱好者给予高度评价。我被省邮政公司"关"在招待所里，不让见人，为20箱邮票首日封签名。

于我来说，这纯属机遇，冯老推荐，邓慧国支持，缺一不可。我只是占工作之便，把博物画引入邮票设计而已。这是我设计的第一套邮票，初次尝到了邮票设计的苦与乐，也激发了我对邮票艺术的极大兴趣。我感到邮票这方寸之地的艺术空间是无边无际的，可以是画家驰骋的广阔天地。

从此我与邮票结下不解之缘，陆续收到国家邮政部门的约稿。《杉树》特种邮票（志号1992-3）1992年3月发行，全套4枚，分别是我国特有的水杉、银杉、秃杉、百山祖冷杉，采用博物画的写实手法，具体呈现四种杉树的形态特征；背景分别衬以树的整体形态，均采用青灰色，使画面层次分明。1993年，在"1992年最佳邮票评选"活动中，《杉树》被选为"最佳邮票"，并获"专家奖"。

1996年，我应约为邮电部邮票印制局[1]设计的第三套邮票《苏铁》（志号1996-7）正式发行。1997年5月，第四套邮票、中国—瑞典联合发行的《珍禽》邮票（志号1997-7）发行。

2000年，第五套邮票《君子兰》（志号2000-24）发行。为了设计好这套邮票，我专门到我国君子兰栽培中心长春，选取我国培育的四种君子兰精品为原型，构图采用平稳的形式，色彩则采用较为饱和的手法，以表现君子兰红者烂漫、白者淡雅、有条纹者醒目、低垂者含蓄等特点。这套邮票也荣获了年度"最佳邮票"。

2002年，在《药用植物画集》绘图工作即将结束的时候，国家邮政局邮票印制局资深设计师许彦博老师到云南收集《百合花》《绿绒蒿》两套邮票的创作素材，邀请我一同前往原产地——滇西北高海拔地区。我没有把握在如此广阔的区域找全

---

[1] 1994年原北京邮票厂更名为邮电部邮票印制局，1999年更名为国家邮政局邮票印制局，2007年更名为中国邮政集团公司邮票印制局（北京邮票厂）。

［上左］百山祖冷杉 ［上右］水杉 1991年
纸本 水彩
《杉树》邮票设计原稿

［下］金丝君子兰 1999年
纸本 水彩
《君子兰》邮票设计原稿

[上]白腹锦鸡（雌、雄）[下]环颈雉（雌、雄） 1996年
纸本 水彩
《珍禽》邮票设计第一稿

设计名单上的8个种，建议邀请野外工作经验更丰富的杨建昆一同前往。经邮票印制局同意，在当地邮政部门的配合下，我们开始了一段艰难的旅程。

我和杨建昆是旧地重游，许老师是初次登临。我们先后到访丽江玉龙雪山、老君山、香格里拉天池碧塔海、德钦白马雪山、大理苍山、禄劝轿子雪山等地，行程2000公里，风光无限，气候无常。天晴时，强烈的紫外线经常灼伤人的皮肤。一次在玉龙雪山干河坝偶见总状绿绒蒿，一时兴奋，帽子被树枝刮落。光秃的脑袋在阳光下仅暴露了一个多小时，便脱了两次皮，第二天左前额到头顶整个变成暗红色，并有刺痛感，几天后变成棕褐色，个把月后才慢慢减退。阴天，凛冽的寒风肆虐，三伏天也得裹紧羽绒服。到了海拔4000米以上，空气稀薄，呼吸急促，步履沉重。只有发现我们要找的植物时，才会忘乎所以，聚拢过去，趴在地上仔细欣赏，又拍照又速写，喜悦之情难以言表。

个把月的时光很快就过去了，我们找到了名单上在该地区分布的几乎所有种类，还顺便收集到了不少其他高山植物素材，凡是开花的都不放过。途中艰险，困难不断，我们患难与共。最危险的一次是从奔子栏返回香格里拉途中，遇上泥石流。汹涌的泥沙和石块夹杂着树木从峡谷上方坠落下来，发出雷鸣般的轰鸣声，前方公路已被部分埋没，局部路段边缘已塌陷。我们乘坐的越野车驾驶员犹豫不决，邮政局陪同我们的干部问许老师过还是退，许老师说："过！"驾驶员谨小慎微地缓行，我们侥幸地通过了危险路段。由于为时已晚，回不了旅店，当晚就住在道班。没过多久，道班的车回来，告诉大家，我们通

百合 2002年
纸本 丙烯颜料
《百合花》邮票小型张第一稿

宜昌百合 2002年
纸本 丙烯颜料
《百合花》邮票小型张第二稿

过以后，一辆警车跟随其后，不幸路面松塌落下箐沟，牺牲了一名警员。

在结束考察即将返回昆明的那天晚上，我一直在想，分手以后三个人就要各自开始两套邮票的设计工作了。依照惯例，邮票设计是背靠背的竞争，每一套邮票只能有一人入选，其他人都会被淘汰。我们三人有难得的机缘，一位是中央美院研究生、杰出的邮票设计家，这次又有真切的交往，对他的尽职和坦诚我十分认同。论绘画功底和设计理念我肯定不如他，但对植物的认知和表现套路，我可能略胜一筹。再一位是我的同事和学生，没有他参加，我们根本不可能找到名单上的这么多植物。如果说能够不按惯例，三人各自发挥自己的长处，不管谁入选都共署名字，算集体合作，岂不更有意义。第二天一早，我向许老师提出建议，他觉得言之有理，但无此先例，要打电话向邮票印制局反映，经局里同意，须由三人合作改为两人合作，并要写一个合作意向书。当天由我执笔，三人同意，我和建昆合作《百合花》，和许老师合作《绿绒蒿》，不论谁的图稿入选，共署两人的名字。

2003年3月，《百合花》邮票（志号2003-4）发行，并获得"年度优秀邮票奖"。2004年8月，《绿绒蒿》邮票（志号2004-18）发行，许老师亲自为邮票设计版式。后来，我和许老师成为好朋友。他退休以后，我曾多次到他的工作室看他的新作品。多年之后，我做肺切除手术不久，许老师还大老远跑来看我，他的女儿许宁是博物画画家，也成了我的小友。

2005年，我应邀为国家邮政局设计了《孑遗植物》邮票（志号2006-5），全套四枚，珙桐、银杏、鹅掌楸、水松，均属中国特有种、活化石、国家一类保护植物。2006年邮票发行，这是我设计的第八套邮票。同年在北京举办了中国邮票设计艺术展，由中国美术馆馆长范迪安亲自撰写序言，我的部分手稿和邮票设计稿及少数博物画参加展出，得以与多位专业和特聘邮票设计家直接交流，受益匪浅。

2008年，我设计的《中国鸟》邮票（志号2008–4T）正式发行。我为这套邮票的设计着实下了不少功夫。国家邮政局指定这个邮票选题中鸟的种类为九种中国特有鸟：红腹锦鸡、黄腹角雉、白尾地鸦、黑额山噪鹛、台湾蓝鹊、贺兰山红尾鸲、白点噪鹛、灰冠鸦雀、藏鹀。

作为设计者，我只能在表现形式、画面构图、色调、鸟的形体姿态上发挥能动性。根据多年画插图的实践经验，我深知任务的艰难。首先要有对选题中指定的九种鸟的形态特征、生态环境及生活习性的认知。我花了大量时间四处查找相关资料，幸运的是得到了杨岚老师的帮助，让我有机会对照实体标本翔实观察记录了各种鸟的信息。在之后的创作过程中，画稿都经他审定，确保在每一种鸟的外形上不能出错。

设计邮票通常是一鸟一票，难度相对要小一些。面对这次难得的选题，我决定用小版张的形式，把不同地域的九种鸟浓缩在一个虚拟空间中，相互穿插，既要做到形态各异、错落有致、各得其所，又要生动自然，营造一个非客观真实但又貌似自然和谐的环境，这样或许比单幅邮票更有感染力。

最终确定被列入齿孔有面值的六种是台湾蓝鹊、藏鹀、黄腹角雉、黑额山噪鹛、红腹锦鸡、白尾地鸦。贺兰山红尾鸲、白点噪鹛、灰冠鸦雀则出现在小版张的边饰中。

《中国鸟》邮票原画 2008年
纸本 丙烯颜料+水彩

第六章 博物画与邮票设计

我知道自然界物种及其生态环境有严格的界定，凑在一起是虚构。但是，邮票毕竟不是科学插图，为了适应大众的审美需求，应该允许适度的夸张，能营造人们对生灵万物共生共荣的美好遐想。考虑再三，我认为宁可冒点风险也值得尝试。于是，小版张的形式就这样确定下来了。

在构图和起稿过程中，我给自己定下三条规矩：第一，画面是虚构的，但是每一种鸟脚下的小环境必须相对真实，符合其生活习性。例如，红腹锦鸡、黄腹角雉和白尾地鸦都喜欢在地面活动，不同的是，红腹锦鸡喜欢有岩石的林地；白尾地鸦则生活在戈壁沙石滩上；大部分种类栖息在树上。第二，鸟类多以群体或家庭为单位活动，因此，画幅虽小但不能只画个体，除红腹锦鸡和台湾蓝鹊之外，画面均以群鸟或雌雄鸟、雏鸟一同出现。第三，它们必须姿态各异，有飞的、有立的，或观望或觅食，各行其是，力求做到虽刻意安排但不做作，自然生动。

至于红腹锦鸡单脚立于画面中下方，成为视角焦点，无疑是由于它和黄腹角雉体形较大，较为突出，更因为红腹锦鸡背腹部为鲜红色，在冷色背景中尤为显眼。其实，有意突出红腹锦鸡还有一个未对人言的初衷。事过多年，不妨坦言。当时已有耳闻，民间酝酿国鸟，呼声最高者是丹顶鹤。红腹锦鸡虽有提名，但支持者为数不多。而本人力挺红腹锦鸡，理由有二：其一，红腹锦鸡为中国独有，其他国家均无分布，是古代神话中凤凰的原型，独具一格，光彩夺目，不与任何鸟类雷同。其二，丹顶鹤深受国人喜爱并有深厚的文化渊源，但遗憾的是并非中国所特有，在日本、俄罗斯、朝鲜等国均有分布。18世纪，一名德国学者先入为主把丹顶鹤定名为 Grus japonensis，国外广称其为"日本鹤"。根据国际命名法规，此拉丁学名是不可更改的。红腹锦鸡入选国鸟的可能性较大，放在中心位置是适合的。

在杨岚老师的指导下，我用了三个月的时间经反复修改终于得以完成。这是我设计的第九套邮票。在 2010 年 9 月于巴西里约热内卢举行的第十三届政府间邮票印制者大会上，《中国鸟》获得最佳连票奖[1]，这是对已故杨岚老师的告慰和纪念。

2021—2022 年，我应中国邮政集团公司邮票印制局之约，又设计了两套邮票。第一套是《国家重点保护野生动物（Ⅰ级）（三）》特种邮票（志号 2021-28），2021 年 12 月发行，一套八枚。八枚邮票和边饰中呈现的野生动物，均属国家一级保护动物。其中，八枚邮票的图案分别为斑尾榛鸡、黄胸鹀、绿孔雀、中华穿山甲、海南长臂猿、鳄蜥、中华白海豚、绿海龟，边饰描绘了普氏野马、中华秋沙鸭、大砗磲，并以中国画的手法表现和衬托。《绿孔雀》和《绿海龟》两枚邮票印刷厂使用特种绿色光变柔印工艺，在阳光的照射下可以看到绿孔雀华美的毛色质感变化和绿海龟生活的海底世界多彩光变效果。邮票采用"山""水"的双异型齿孔，寓意"山水相连""保护好山水家园才能保护好野生动物"。此外，邮票边饰使用无色红荧光油墨，在紫光灯下呈现另一幅充满生机的画面。2022 年 7 月 27 日，"传邮万里渝见未来"第四十二届全国最佳邮票评选颁奖活动中，《国家重点保护野生动物（Ⅰ级）（三）》特种邮票获最佳印刷奖。

[1] 这是中国第一次也是迄今为止唯一一次获得该项奖项。

普氏野马　2021 年
纸本　丙烯颜料
《国家重点保护野生动物（Ⅰ级）
（三）》特种邮票的边饰图

  2021 年 3 月，接到设计《国家重点保护野生动物（Ⅰ级）（三）》邮票邀请时，我正忙于联合国《生物多样性公约》缔约方大会第十五次会议（COP15）的有关创作，所幸 COP15 推迟到 10 月中旬召开，为邮票设计留出了空档。一幅图稿至少要画上两三天，专家提出的意见和建议，凡是中肯的、与物种形态和生态环境有关的，我都按照要求进行修改，有的画了两三遍。

  《鸽》特种邮票（志号 2022-25）于 2022 年 11 月发行，一套四枚，包括四种野生鸽类，分别为岩鸽、斑尾林鸽、雪鸽、

［左］雪鸽　［右］岩鸽　2021 年
纸本　丙烯颜料
《鸽》特种邮票原稿

斑林鸽，以博物画的方式呈现四种鸽子在野外的生活状态。我认为这套邮票的设计宗旨既应展现鸟类的自然与和谐之美，又象征着中华民族以和为贵的传统理念和以和平方式处理国际争端的一贯主张。这套邮票由老朋友孙悦华[1]老师把关。生态摄影家奚志农为我提供了其中两种鸽子的高精度照片。

2022 年，COP15 第二阶段会议在加拿大蒙特利尔举办。云南展区内，展出了省邮政部门精心制作的邮票合集《开天图画》，其中囊括了我设计的 10 套邮票。能为会议尽力，我感到十分荣幸。

经历参与几套邮票的设计过程，我深切意识到，设计邮票并非个人行为，设计者担负着沉甸甸的责任。因为邮票被称为"国家的名片"，它不仅是邮资凭证，一旦发行，小小方寸就成了国家的标志，内容涵盖了国家的历史文化、自然风貌和风土人情。而且每一套邮票从选题到设计、审核、印制、发行，

[1] 孙悦华，中国科学院动物研究所研究员，鸟类生态学研究组组长，从事鸟类生态学、动物行为学、保护生物学研究。

整个过程是各个部门和众多参与者辛勤劳动的集成，设计者只是其中一个环节，设计者如果出错，世人绝对不会说是某个人的失误，而会殃及国家的名誉。

2005年，我曾经被一个外国人问道："你们发行的《绿孔雀》小型张邮票，上面的绿孔雀是不是新种？"当时不知何意，我回答不出来。回家一看，设计者把蓝孔雀的冠羽画到了绿孔雀的头顶上，这是不该出现的错误。后来我向国家邮政局票品司反映了此事，建议生物类邮票设计一定要由专家把关。随着网络时代的来临，邮票的实用价值锐减。但是作为一种文化的传承，它并不仅仅是一种收藏品，它以独特的视角，展示了丰富多彩的世界，这正是邮票的魅力之所在。

蓝孔雀　2010年
纸本　中国画

[右页] 绿孔雀　2021年
纸本　丙烯颜料
邮票设计稿大图

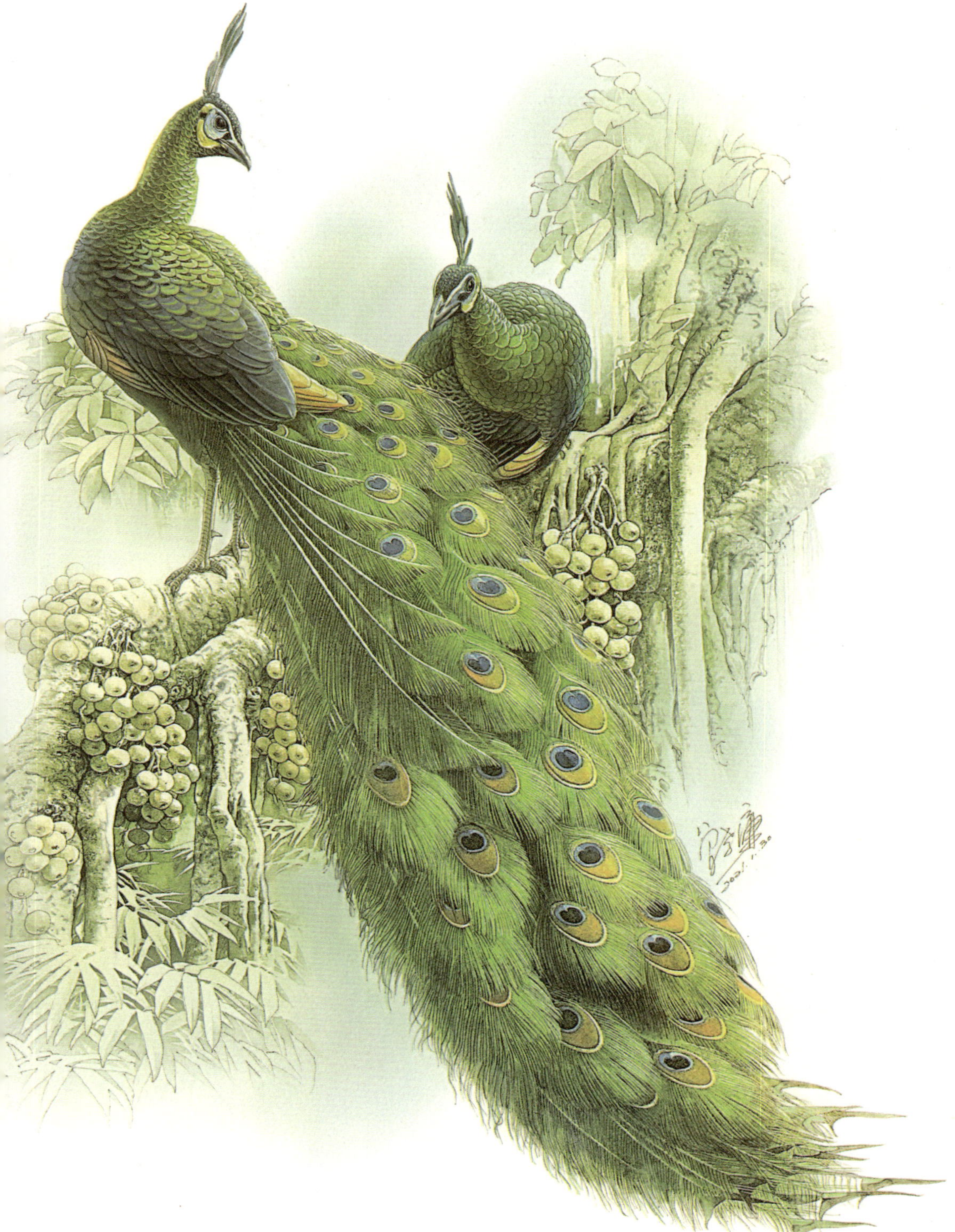

《杜鹃花》特种邮票（志号 1991 T.162-8）

马缨杜鹃　黄杜鹃　映山红　棕背杜鹃
凝毛杜鹃　云锦杜鹃　大树杜鹃　大王杜鹃
黄杯杜鹃（小型张）

《杉树》特种邮票（志号 1992-3）

水杉　秃杉　银杉　百山祖冷杉

《苏铁》邮票（志号1996-7）

篦齿苏铁　苏铁　攀枝花苏铁　多歧苏铁

《珍禽》邮票（中国—瑞典联合发行）（志号1997-7）

《珍禽》邮票全套2枚，曾孝濂设计了2-1白腹锦鸡，瑞典艺术家英格·卡琳·爱丽逊设计了2-2环颈雉。操刀雕刻的是享誉世界的瑞典邮票雕刻大师塞斯罗·斯拉尼亚（Czeslaw Slania，1921—2005），瑞典邮票大都由他雕刻，一生为30多个国家和地区雕刻了超过1000枚的邮票，这套邮票也是第一套由外国名家雕刻的新中国邮票。

《君子兰》邮票（志号2000-24）

大花君子兰　垂笑君子兰　金丝君子兰　白花君子兰

《百合花》特种邮票（志号 2003-4）

大理百合　匍茎百合　东北百合　尖被百合
《百合花》邮票小型张　宜昌百合
曾孝濂、杨建昆设计

《绿绒蒿》特种邮票（志号 2004-18）

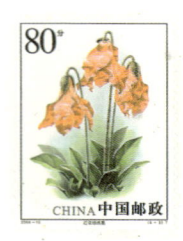

长叶绿绒蒿　总状绿绒蒿　红花绿绒蒿　全缘绿绒蒿
曾孝濂、许彦博设计

《孑遗植物》特种邮票（志号 2006-5）

银杏　水松　鹅掌楸　珙桐

《中国鸟》特种邮票（志号 2008-4T）

白点噪鹛
藏鹀
台湾蓝鹊
黑额山噪鹛
黄腹角雉
红腹锦鸡
贺兰山红尾鸲
白尾地鸦
灰冠鸦雀

《国家重点保护野生动物（Ⅰ级）（三）》特种邮票（志号 2021-28）

斑尾榛鸡　黄胸鹀　绿孔雀
中华穿山甲　海南长臂猿
鳄蜥　中华白海豚　绿海龟

《鸽》特种邮票（志号 2022-25）

雪鸽　岩鸽　斑林鸽　斑尾林鸽

[上左] 川金丝猴 [上右] 滇金丝猴 [下] 黔金丝猴 2018年
这是应中国邮政集团公司邮票印制局《中国特有国家Ⅰ级重点保护动物》邮票选题之约所绘。由于该选题取消，原稿得以退回设计者

第七章　博物画的春天

博物画的春天

随着国家生态文明建设的蓬勃发展,随着人与自然和谐共生的理念日益深入人心,博物画作为一个古老的文化元素,顺应时代潮流,焕发出新的活力,博物画的春天来临了。如今的博物画已经成为大众喜闻乐见的绘画形式,以青年画家为主的创作群体已经形成。博物画以通俗朴素的绘画语言,成为人和自然沟通的渠道。

中国现代博物画是随着20世纪50年代后期《中国植物志》编纂工作的需要而兴盛的。冯澄如先生创办的江南美术专科学校播下的种子在各地生根发芽，代代相传，培养出一大批植物科学画绘图人员，共有164位绘图人员参与了这项工作。人们习惯上把我们这个职业称为植物科学画画师。

这是一个默默无闻的群体。我们是植物分类学家的朋友和助手，长年累月一起工作。其中的大多数人，终身与植物标本为伴，寂静地度过了忙碌的一生，许多人没有看到书全部出版就离开了人世。他们倾其一生为植物画像，用写实而朴素的绘画语言，展现各种植物的生长规律和形态特征，帮助人们一目了然地认识这些植物。这些作品一般只以插图的形式出现在植物志和植物学专业著作中，成为这些著作不可或缺的组成部分，而这个群体却从不邀功，甘当配角，极少有人举办过个人作品展或出版过个人作品集。他们奉献自己的年华，为了完成任务不遗余力，用辛勤的汗水为国家做了实实在在的事。

已故的冯澄如、张荣厚、刘春荣、冯钟元、蒋杏墙、韦光周等老一辈植物科学画画家，他们对植物形态的精准把握和线条技法的独到功力，开创了带有中国特色的黑白插图的先河。随之而起的邓盈丰、余汉平、黄少容、吴彰桦、冀朝祯、王金凤、张泰利、蔡淑琴、朱运喜、郭木森、史渭清、陈荣道、肖溶、李锡畴、吴锡麟、陈月明、仲世奇、李志民、王颖等一大批中坚之才，继承和发扬了老一辈的严谨作风，又逐步形成了鲜明的个性特点。他们也创作了很多精美的插图，把西方经典绘画的技法与中国传统绘画技法相结合，走出了自己的路。如今，我的不少同仁已经离世。偶有机会打开那些被历史尘封了数十载的老作品，泛黄的纸张掩盖不住昔日的光彩，老一辈风华依旧。2004年，《中国植物志》80卷126册全部正式出版，荣获国家自然科学奖一等奖。然而，参加绘图工作的164位绘图师已有近三分之一离世，昔日的中青年大部分已过退休年龄，最年轻的一批也因任务完成调离原岗位。只有北京植物所和华南植物所保留一个专职绘图工作名额，其余各研究所绘图编制均被取消。我所老同事李锡畴、肖溶也相继退休，杨建昆调至民族植物研究室，最年轻的王凌调入标本馆。植物科学画沉寂了多年，中国博物画何时复苏，似乎看不到希望，一些植物画家退休以后都向主流美术靠拢，北京植物所的老前辈冯晋庸老师，我所的刘怡涛、肖溶，勐仑植物园的何瑞华早已参加过三次以上中国美协举办的中国画展，符合条件，成为中国美术家协会会员，基本上脱离了博物画创作。我退休以后，不改初衷。我所的杨建昆、王凌和中国医学科学院的老朋友陈月明、内蒙古的马平、云南省食用菌研究所的顾建新遥相呼应，依然坚守。

  我坚信我们处在生态意识回归的时代潮流中，博物画的春天一定会来临。长期以来，我对164人以外的情况并不了解，直到2014年，《中国国家地理》杂志社举办了一次自然影像大赛，大赛以摄影作品为主，包括一个手绘作品单元。我受邀担任评委，参与了最后金银铜奖的评选工作，并参加了座谈交流会。我这才发现竟有那么多年轻人喜欢自然影像，立足不同的岗位，用摄影和绘画的形式讴歌自然。我非常荣幸为金奖得主鲁迅美术学院的才女李赞谦颁奖。会上认识了银奖获得者李小东，69岁才开始画植物的退休航空工程师吴秦昌。此次还认识了主办单位的画家翁哲和张瑜，他们是成功举办这次活动的推手。

这次会议主题鲜明，形式多样。参与者热情饱满，兴致昂扬。与当年我们编绘植物志的书卷气氛围大相径庭，让我真切地感到博物画的大众时代已经不知不觉地来临。《中国国家地理》杂志社功不可没，可喜可贺。我意识到在埋头于自己的小天地的同时，也要融入时代，众人拾柴火焰高，要力所能及地为大家的事添砖加瓦。2017年，《中国国家地理》杂志社又举办了"极致之美"自然科学艺术大赛；2021年、2023年再度举办"中国野生生物影像年赛"，我参加了绘画单元的评审工作，有幸得见大量国内外生物绘画作品。

2016年，浙江自然博物馆副馆长陈水华和王思宇专程来京调研商谈该馆收藏我退休以来所创作的动植物绘画作品事宜。个人作品若得到公立博物馆的收藏保存，就说明它有保存价值和与公众交流的机会，符合我不愿让作品流入艺术市场成为私人财物的心愿。2017年，我与浙江自然博物馆正式签订征集作品118件和捐赠高仿品120件的合同，完成移交手续，了却一番心愿。随后博物馆举办了系列博物画展示活动，该馆成为博物文化重要的传播交流中心。

2017年，在中国博物学倡导者、北京大学刘华杰教授支持下，博物绘画发展中心在北京成立。中心聚集了一大批爱好者和年轻画家，博物画群体又有了一个交流理念、切磋技法和展示作品的重要基地，还组织中小学开展了诸如自然笔记一类的系列活动，在孩子们幼小的心灵播种下生态意识，且得到国家教育部门、环保部门和团中央的大力支持。

在中心主要负责人宋宝茹的倡议下，2017年2月底，在中心所在地举办过一个短期研修班。限于场地，只能从报名者中挑选十余人参加。除来自北京的学员外，还有云南、浙江、东北、陕西等地新涌现出来的博物画工作者。他们大部分都有实践经验，或是出版社签约插图师，有的甚至是科研单位专职的画家。有鉴于此，我认为这次研修不是授课而是交流。我建议大家把自己的作品带来，在观摩的过程中，互相取长补短，对作品的优缺点进行点评，既涉及观念问题，也有技法问题，这要比泛泛地讲课务实得多。第二天，每个人都按照自己擅长的方式画一幅小画，题材自选，一片叶子、一个果实、一朵花、一只小昆虫都可以，公开透明，互相分享，自我解说和点评结合，大家都有收获。最后一天，我进行线描和丙烯画的流程示范，供大家借鉴参考。三天的时间很快就过去了，每个人，包括我在内，既是奉献者也是受益者。

活动结束那天，我才知道刘华杰老师在静静地旁听。这是我第一次见刘老师，第一次见刘老师的弟子王钊。画家当中，除李聪颖、余天一、林漫华、李爱莉、李小东以外，与裘梦云、严岚、花老道、三淼、陈丽芳都是第一次见面。偶然的相遇，成了日后的必然联系。令人欣喜的是，研修班绝大多数成员的作品都入选了国际植物学大会画展。经过不懈努力，如今，他们都成长为中国博物画的新锐力量。

中心还组织过两次活动。一次是2017年10月钢笔画技法的讲解和演示。勾线笔和工具刀结合进行黑白线条的排列组合，亮面和灰面以黑色线条为主，暗面则在黑色块面上用刻刀提白线条。这个方法简洁明快，省时省力，但必须在铜版纸上

2014年受邀担任《中国国家地理》杂志社自然影像大赛手绘作品单元评委,与年轻人交流

2017年2月,在北京博物绘画研修班上为学员们演示技法

与北京博物绘画研修班学员及刘华杰教授(第一排右二)、宋宝茹(第一排左二)、王钊(最后一排左一)合影留念

[上] 在黑色块面上用刻刀提白线条
[下] 2017 年 10 月，在博物绘画发展中心为年轻人演示钢笔画技法手稿

进行。另一次是 2019 年 3 月底赴西双版纳写生培训，参加者均有素描和色彩基础，我做了几场示范之后，学员自行写生，也穿插一些讲解和点评。

2016 年初秋，欣闻第十九届国际植物学大会将在中国举办，内心十分激动。中国是植物种类最丰富的国家之一，早就应该成为举办国，由于种种原因，距首届国际植物学大会 100 年之后才第一次在中国举办此会，这是我国国际影响力提升的标志。作为植物学科技工作者，应该做点什么？我决定暂停中国画的创作，画几幅植物图表示祝贺，从 2016 年 10 月开始断断续续画，次年 4 月完成了 11 幅丙烯画的创作。画了木棉、寄生花、马缨杜鹃、美丽异木棉、硬叶兜兰、苦瓜、百合、牡丹、长叶绿绒蒿、滇山茶和鹅掌楸，多年不画难免生疏，不求无瑕，但求尽兴。

10 月底，接到第十九届国际植物学大会植物艺术画展承办单位深圳中国科学院仙湖植物园和国际植物园协会的邀请，要我参加画展的筹备和评审工作。当月，全部评委齐集深圳，一共五人，其余四位是：华南植物所余峰、内蒙古大学马平、中国科学院植物研究所李爱莉、鲁迅美术学院李赞谦。大家在深圳仙湖植物园副主任张寿洲主持下举行了第一次工作会议，画展评审委员会正式成立，我义不容辞担任领头人，大家齐心协力立即开始为征稿做准备。张寿洲博士作为承办方负责人，自始至终参与了筹备的全过程，他最辛苦，大量的组织、准备和协调工作都由他全盘统筹。张林海老师也代表国际植物园协会（IABG）参与了全过程。

这次展览是第十九届国际植物学大会的组成部分，由大

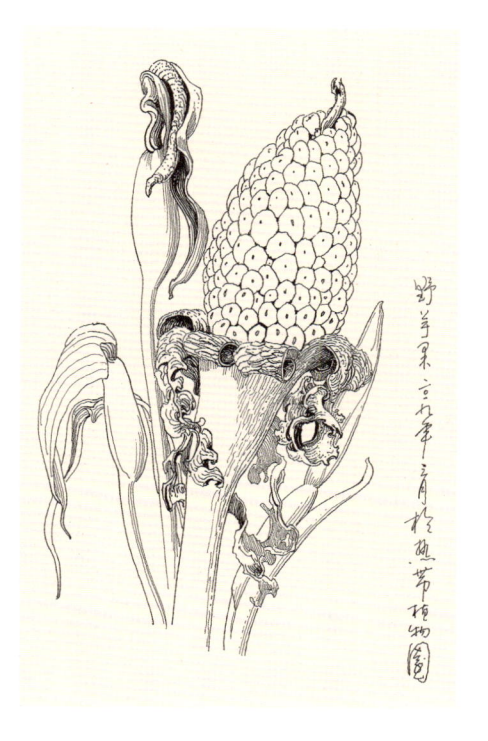

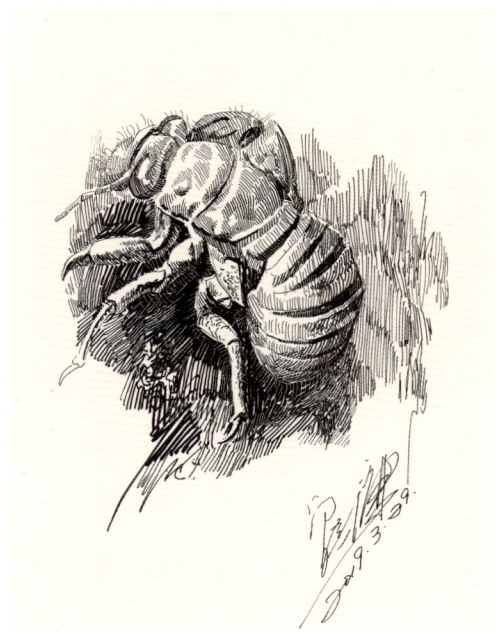

[上左] 木瓜榕　2019 年
[上右] 野芋果　2019 年
[下] 蝉花　2019 年
纸本　钢笔速写
在西双版纳所画的写生小作

美丽异木棉　2017 年
纸本　丙烯颜料

苦瓜　2017年
纸本　丙烯颜料

木棉　2017 年
纸本　丙烯颜料
第十九届国际植物学大会画展官方海报主图

第十九届国际植物学大会植物艺术画展参展艺术家大合影

2016 年 10 月仙湖植物园召开画展筹备会

2017 年 4 月初选现场

会组委会主办，评审委员会在承办方组织领导下，公平、公正、严谨地按评审程序完成了任务。展览于2017年7月23日开幕，我为展会设计了海报，这是中国首次举办如此规模的植物学盛会，一共征集到来自全国各地，以及美国、法国、荷兰、土耳其、日本、韩国、泰国、澳大利亚等12个国家和地区的736幅作品，入选263幅。各国植物艺术画家、植物学家和广大观众及爱好者欢聚一堂。这次植物专题画展是规模大、征稿范围广，老中青作品同台亮相的一次承前启后的展览，对植物画的普及和水平的提高产生了深远的影响。同年8月，由江苏凤凰科学技术出版社出版发行此次画展的官方画集《芳华修远》，我有幸为其撰写前言。

两年之后，江苏凤凰科学技术出版社又出版了《嘉卉 百年中国植物科学画》巨著。这本书系统介绍了中国植物科学画的历史沿革，展示了几代人的薪火相传、推陈出新的精神风貌，让广大读者进一步了解这个鲜为人知的功能性绘画的内容和形式，以及这个画家群体为植物学基础理论研究和植物资源保护利用方面所做的默默奉献，同时也激励了更多的爱好者拿起画笔，投身到热爱自然、讴歌自然的行列中来。我非常荣幸应邀在本书编纂过程中参加了两次编委会议，稀里糊涂地跟在王文采院士后面，被冠以总顾问的头衔。

2019年，由我国政府主办、北京市承办的最高级别园艺博览会"2019中国北京世界园艺博览会"（简称"2019北京世园会"）举办，向世界传递人与自然和谐共生的东方价值观，展示生态文明建设和可持续发展的中国实践。为配合这次盛会，由"2019北京世园会"发起，北京木子合成影视文化传媒有限责任公司制作，李成才、周叶导演的纪录片《影响世界的中国植物》的编导制作早已全面展开，133 位摄影师深入全国各地，实地拍摄，230 多位植物学家深度参与了文字和图像的编制过程。大约是 2018 年 3 月，李老师在田大壮老友的陪同下前来向我约稿，创作与影片同名的大型博物画。这是我生平画过的内容最多、尺幅最大的单幅植物画。我怀着使命感接受了这一任务。

为了方便查找资料，我立即赶回昆明，在请教孙航所长，核实了 37 种原产于中国的植物名单后，又收集整理了昆明植物所的相关资料和我自己积累多年的素材，开始着手构思，确定表现手法，进入紧张的创作状态。整整半年时间，我竭尽全力，几乎足不出户，谢绝会客，把完成这幅画当作平生最重要的工作之一，这是一个年近 80 岁的老叟还能为国家效力的难得机会。尽管时间紧迫，精力有限，终于还是扛过来了，交出了一份力所能及的答卷。直到 7 月份，画稿基本完成，进入画面整体关系的调整阶段，此时，昆明植物所又有新的工作要我参与，我才跨出家门。这幅 2.5 米宽的原稿后来以放大近 3 倍的复制画形式置于"2019 北京世园会"中国馆的展厅内。由于放大倍率太大，复制作品显露出一些原稿上看不出的瑕疵，我又在现场，趴在地上或踩在高梯上做了几次修改。

2019 年 7 月 29 日，《影响世界的中国植物》十集大片发布会于"2019 北京世园会"植物馆举行。我有幸在发布会上朗诵了自己撰写的《银杏礼赞》，通过银杏表达了我对祖国原产的植物种质资源传播到世界各地所做贡献的由衷赞美和自豪感。

这部十集大片荣获"2019 年度中国最具影响力的十大纪

[上]《影响世界的中国植物》绘图工作照

我每天戴着头戴式放大镜工作不少于十个小时。帽子上的两个镜片均可放大三倍,能帮助我更精确地画细节,比如稻穗上的细刺、猕猴桃的茸毛、柿子上的白粉

[下] 在"2019北京世园会"中国馆内的画作前留影

原作放大之后制作的复制画长6.8米,高3.1米

手书《银杏礼赞》

在发布会上朗诵《银杏礼赞》

第七章 博物画的春天

237

扫码观看
《影响世界的中国植物》
高清原图
"刘纲720"制作授权

影响世界的中国植物 2018 年
纸本 丙烯颜料

图中收载37种原产中国的本土植物,包含食用植物、观赏植物和孑遗植物。画中的植物有:水稻、大豆、桑、桃、橙、橘、猕猴桃、国柿;梅、春兰、杏黄兜兰、铁皮石斛、竹(早园竹)、菊、牡丹(富贵红)、紫斑牡丹、大花黄牡丹(西藏野生种)、蜀葵、月季(天坛红霞)、月季(金枝玉叶)、云南杜鹃、马缨杜鹃、睫毛萼杜鹃、灰背杜鹃、金黄杜鹃、金花茶、杜鹃叶山茶、普洱茶、云南山茶'粉玉'、云南山茶'大理茶'、全缘叶绿绒蒿、长叶绿绒蒿、塔黄、滇北球花报春、束花粉报春;银杏、珙桐

第七章 博物画的春天

录片"奖，在中央电视台纪录频道播出，无疑会极大地提高国人的生态保护意识，从而保护自然，呵护一草一木。感激之余，我也私下声明不该为我冠上"中国植物科学画第一人"的头衔，这与事实完全不符，但是多次解释均无效，后来一些媒体仍沿用了这个错误称呼。我深感愧疚和无奈。

随着国家生态文明建设的蓬勃发展，随着人与自然和谐共生的理念日益深入人心，博物画作为一个古老的文化元素，顺应时代潮流，焕发出新的活力，博物画的春天来临了。每一次大大小小的活动就像春天里的百花园，绽放出绚丽的花朵，如今的博物画已经成为大众喜闻乐见的绘画形式，以青年画家为主的创作群体已经形成。博物画以通俗朴素的绘画语言，成为人和自然沟通的渠道。

伴随着博物画春天的来临，我和年轻的朋友一样，沐浴在新春的阳光雨露下，沉浸在愉悦之中。大家都在珍惜大好时光，握紧手中的画笔，秉承共同的创作理念，摸索自己的创作途径。昔日熟悉的伙伴杨建昆、马平、王凌、顾建新、翁哲、张瑜、李振起、李聪颖、严岚、田震琼、贺亦军隔一段时间不见，作品就更进一步，赏心悦目，令人刮目相看。更年轻的余天一、裘梦云、李诗华、徐莉丽、许宁、吴秀珍、陈丽芳、李小东、陈小芸，他们在突飞猛进，用几年的时间就走过了我们一二十年走的路。还有尚未谋面的高栀、丁弋、万伟……他们气度不凡，持之以恒，必有大成。也有不少退休以后的长者如吴秦昌、卢铁英……他们甚至以退休为起点，从零开始，锲而不舍，成绩斐然，老有所为，让晚年充实而愉快。更有写实主义的主流画家跨界到我们的行列中来，用深厚的功力开创博物画的新局

文冠果 2019年
纸本 丙烯颜料
贺亦军绘

[上] 单花翠雀花　2021 年
[下] 欧亚马先蒿　2022 年
纸本　丙烯颜料 + 水彩
王凌绘

面。李赞谦就是博物画的践行者，我曾经恳切地建议她用三分之一的时间和我们并肩奋斗。还有刘怡涛、肖溶等老战友，遇到好题材也不妨重操旧业，"脚踏两只船"不也很潇洒吗？

博物画画家是崇尚自然、关爱生命的群体。博物画没有门派，大自然就是我们共同的老师。博物画也没有门槛，老少咸宜，不论资排辈，用自己的眼睛去观察，用心灵去感受，边学边画，在实践过程中一点一滴地积累，苦心人，天不负，路虽远，行则归至；事虽难，做则必成。它将陪伴你走过人生的充实和宁静。

此时我已年逾古稀，我是同辈人之中仅有的两个之一（另一个是陈月明）不离不弃科学博物画、不间断工作的人。我怀念为植物志绘图的同事和长辈，怀念植物所的老领导和植物学家们，庆幸如今又认识了充满青春活力的年轻朋友，很珍惜和他们的友谊。我没有服老，除了画画，还参与了不少活动。2005 年，因为作品多次参加中国美协主办的活动，我成为中国美协会员。我可能是唯一一个行不更名、坐不改姓，以博物画画家的名义入会的人。

2016 年，在《读库》主编张立宪老师主持下，我在各个时期的花鸟画作品被汇聚成册。经过他的精心策划，2017 年，《云南花鸟》由新星出版社出版发行，受到不少年轻读者的欢迎。在新书发布会上，我和余天一、张老师三人举行了一次对话会。时任《中国科学报》记者的张晶晶出席了此次活动，经腾讯直播和她的推荐，引起中央电视台《朗读者》节目组的关注，邀请我和老伴儿参加《朗读者》第二季的录制，节目于 2018 年在中央电视台综合频道播出。同期，张立宪老师又

录制《朗读者》节目 2017年

把我在北京单向空间书店的一次讲座内容整理成文,介绍了植物画的特点和个人经历,收入《读库1800》。2018年1月,《云南花鸟》还在昆明市委宣传部主办的"2017书香昆明·好书评选系列活动"中被评为"年度云南十大好书"。博物画这个曾经被边缘化的小画种进一步进入大众视野,客观上响应了刘华杰教授大力倡导博物学的号召,不少爱好者拿起画笔,记写身边的花鸟鱼虫。我在各地都有所见,发自内心地高兴。

2018年11月,应香港中文大学生命科学学院邀请,我在崇基学院举办了"曾孝濂教授植物艺术展",展览期间进行了两次讲座,一次是在阶梯教室,一次是与专业人士进行小范围的示范交流。

2021年,举世瞩目的联合国《生物多样性公约》缔约方

[上] 在香港中文大学崇基学院的讲座　2018 年
[下] 画展与讲座海报　2018 年

大会第十五次会议（COP15）在昆明拉开帷幕。中国是全球生物多样性最丰富的国家之一，我们期待，会议将凝聚起全球生物多样性的保护意识，以昆明为新的出发点，加快建设更美好的地球家园。当我看到生态环境部正式发布的COP15主题海报图案时，十分惊喜，第一幅海报采用了我创作的绿孔雀形象，说明博物画也能登大雅之堂，是博物画为生态文明建设服务的例证。

2022年8月，昆明曾孝濂美术馆举办了"原本自然"生物博物画邀请展，这次活动得到了馆长聂荣庆的大力支持。此次画展特聘王钊老师为策展人，他作了题为"写照万物：生物博物画里的科学与艺术"的专题报告。此次画展参展画家29人（陈丽芳、陈墨、陈文有、陈小芸、丁弋、何瑞华、贺亦军、蒋正强、李聪颖、李诗华、李小东、李赞谦、卢铁英、马平、青川、袭梦云、田震琼、王凌、吴秦昌、吴兴亮、吴秀珍、徐丽莉、许宁、杨建昆、阳丽、严岚、余天一、钟培星、曾孝濂），展出作品58件。画展进行了两天的交流活动，并举办了"生物博物画的观念与技法"研讨会。会议由我主持，大家对绘画理念和技法畅所欲言、深入探讨、分享经验。以年轻画家为主的新老朋友，欢聚一堂，亲切温馨。

2023年4月，中国科学院西双版纳热带植物园主办了"艺术邂逅科学·首届博物画展"，我专门画了一幅丙烯画《中国无忧花》和一幅国画《望天树》参展。由于健康原因，未能到现场和同行朋友相会，深感遗憾。

2023年，博物绘画发展中心又组编了一本博物画画集《又见芳华》。这本书收录了21位以新生代为主的博物画画家的76

小熊猫　2022年
纸本　油画＋丙烯颜料

中国无忧花　2023 年
纸本　丙烯颜料

望天树 2023 年
纸本 中国画

第七章 博物画的春天

幅新作品，充分体现出博物画领域新人辈出、欣欣向荣的景象。

我非常理解青年朋友在成长进步过程中的心路历程，画画的人是用自己的作品说话的，不必过多用语言解释。作为和他们有类似经历的过来人，一看到他们的作品就能感知他们的潜力和审美情趣，或者目前所处的阶段和存在的问题。我虽然是一个吝惜时间的人，一旦和他们在一起，从来不敢怠慢，对他们的长处一定要充分肯定，存在的问题要坦诚地直言不讳，提出改进的建议。技法的问题可以说得更具体直白，如果有条件，直接动手示范更能解决问题。

记得好几年前（2015年），我从北京回到昆明，所里分类室的一位研究生说，绘图组取消以后，发表论文没有插图很遗憾。我认为科研人员应向老一辈学者学习，匡可任老前辈和我们吴征镒所长都能写能画，发表新种自己画图。我所的研究员臧穆、黎兴江、杨祝良、王立松都可以自己画外形图和解剖图；所外也有不少专家是画图高手，诸如王文采、饶钦止、卯晓兰、吴兴亮、吴飞翔等。

我向所领导表示愿意用几天时间开个班，带他们入门。没想到开班时，来的人还真不少，大部分是青年学者和研究生。第一天是讲解和示范，课题是怎样用钢笔概括植物形象，再示范用丙烯颜料画一朵带叶的彩色山茶花，按步骤和程序边讲边画，第二天每个学员试着自己画。大家认认真真画了两天，有问题随时提出，个别辅导。五天时间很快就过去了。经过努力，不少人确实能把绘画用于工作中，有三个人的作品还入选了两年后的国际植物学大会的植物艺术画展。如果我没有记错的话，他们是王凌、牛洋和沙雯。

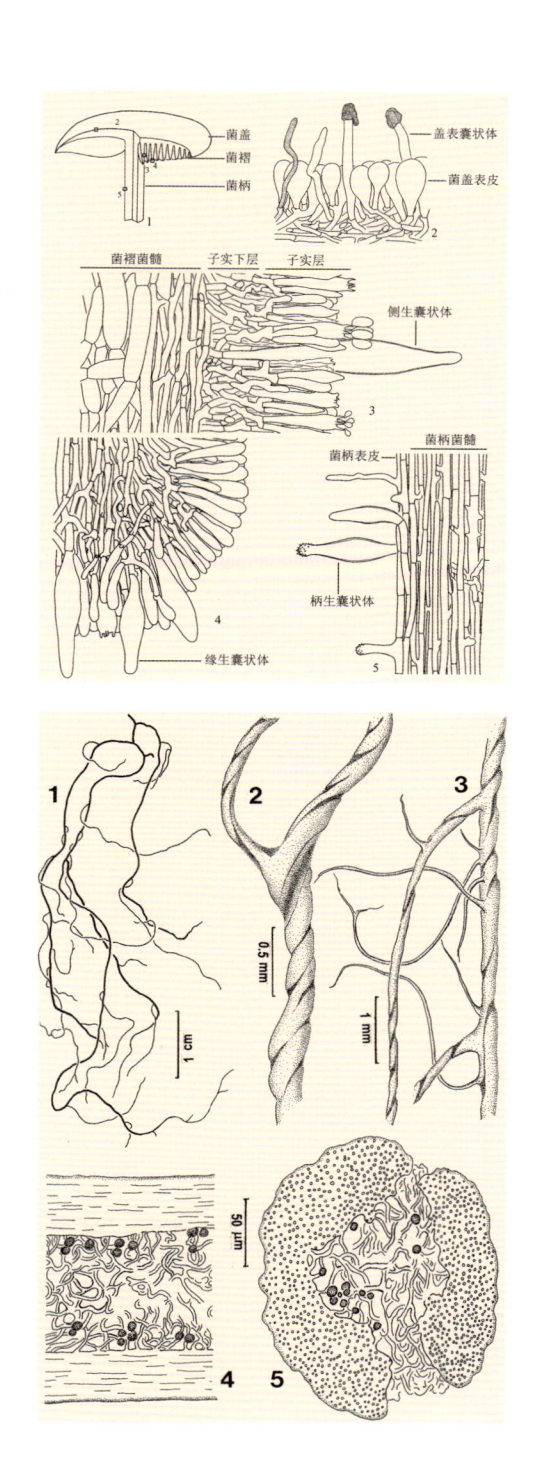

[上]担子菌解剖结构示意图
杨祝良绘

[下]横断山小孢发
王立松绘

为我所青年人举办的绘画培训班　2015 年

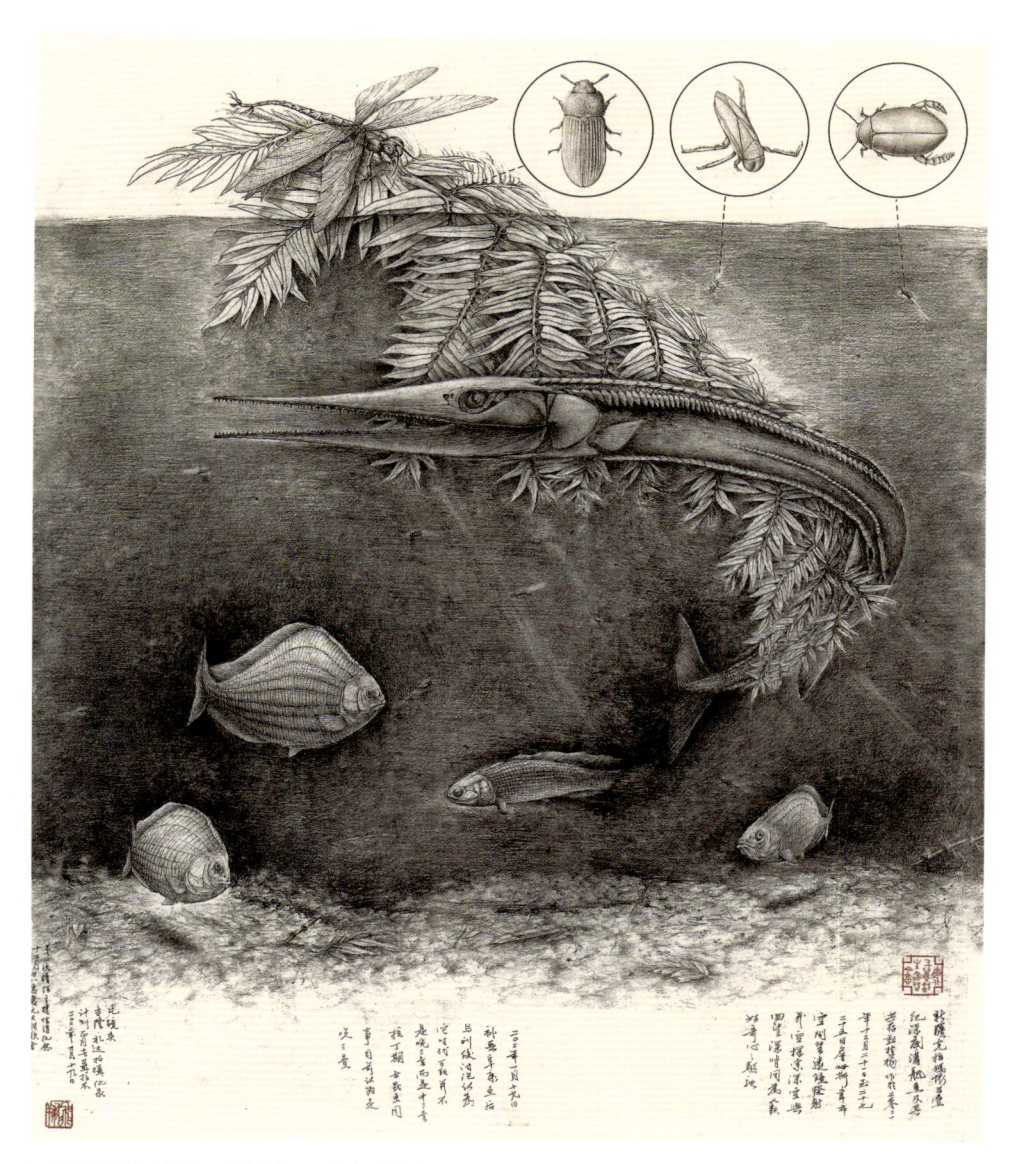

新疆克拉玛依三叠纪深底沟龙鱼及其共存动植物　2021 年
纸本　素描
吴飞翔[1] 绘

2021 年 1 月 19 日补画阜康鱼后,与刘俊讨论认为,它(的)时代可能并不是晚三叠(纪)而是中二叠(纪)拉丁期。(画中的)古昆虫,同事目前认为是晚三叠(纪的物种)。此图作为学术论文插图,发表于 2023 年 35 卷第 8 期的《历史生物学》(*Historical Biology*)。

[1] 吴飞翔,中国科学院古脊椎动物与古人类研究所研究员。

中国虫草　2017 年
纸本　水彩
吴兴亮[1] 绘

土瓶草　2019 年
纸本　水彩＋彩铅
杨建昆 绘

[1] 吴兴亮，海南大学生命健康学院教授，北京水彩艺术研究院、北京艺高水彩画院常务副院长。

云南临沧双江冰岛大雪山自然保护区　2021 年
纸本　钢笔
杨建昆绘

第七章　博物画的春天

[左] 云南杓兰 [右] 拟刺棒南星　2017年
纸本　丙烯颜料
牛洋绘

[左]秀丽绿绒蒿　2017 年　[右]半荷包紫堇　2020 年
纸本　丙烯颜料
沙雯绘

我喜欢美国自然主义绘画艺术家鲍伯·鲁斯（Bob Ross）[1]的话："绘画没有天才，你只要有一些勇气，假以时日，你会画得比我更好。燃起你的兴趣，鼓起你的勇气，让我们大伙拿起彩笔，绘出满怀的欢愉。"事实证明，在我们中间已经涌现出一大批青年才俊，也许你们还不够成熟，但是你们身上已经展示出无限的潜力和希望。一代人有一代人的担当，我们没有完成的事业，由你们继续干。"沉舟侧畔千帆过，病树前头万木春"，"万木春"是我们共同的愿景。我是一个老树桩，虽然老迈，尚未枯朽。庆幸垂暮之年，遇上了好时光。我偶尔会胡诌两句，自我调侃："昔日顽童今日翁，光阴荏苒快如风。老来明知夕阳短，不负晚霞满天红。""老树桩"或许也能跟上春天的步伐，正如明末清初思想家顾炎武言："老树春深更著花。"我还有很多未竟之事有待完成，苦也好，累也罢，只要一息尚存，就要干下去。

---

[1] 鲍伯·鲁斯：本名罗伯特·诺曼·鲁斯（Robert Norman Ross，1942—1995），美国画家、艺术指导与电视节目主持人。著名电视节目"欢乐画室(The Joy of Painting)"即席教学画家兼主持人。他的绘画主题以自然风景为主，教学名言之一是"我们不会犯错，一切都是快乐的意外"。

第八章 理念与方法

理念ら方法

绘画无非两件事：一是解决理念问题，即创作思想与艺术观念，给自己定位、定目标；二是解决方法问题，在传承的基础上走自己的路，练就属于自己的表现方法。博物画是以植物、动物及其环境因素为创作主题，表达生物物种原初的自然状态的功能性绘画。画家必须遵循现代生物学的相关理念和写实主义的表现形式，二者缺一不可。

面对突然而来的热潮，有必要回顾和梳理生物绘画的来龙去脉和自己的心路历程。

随着《中国植物志》的完成，生物绘画已从科研院所和科学专著中走出来，进入大众的视野。笔墨当随时代，只有时代的才是历史的。要聆听时代的声音，回应时代的呼唤。在当今全球生态回归的浪潮中，我们要顺应时代的需求，通过作品引发观众的共鸣和思考，让更多人和我们一起尊重生命、敬畏自然。

作为科研单位的美术工作者，我的使命就是用绘画形式为科学研究服务。我一生一世徜徉于科学和艺术之间，在科学和艺术的缝隙里左右逢源。科学的思维是抽象的，艺术的思维是形象的。其实科学尤其是生物科学不排斥形象思维，艺术也不排斥抽象思维。不同的是：科学把客观信息概念化，寓形于理，以规律和数据服人；艺术则把客观信息形象化，寓理于形，以形感人。如果说自然就是客观存在的一切事物，寻根求源，那么科学和艺术都源于大自然。科学家和艺术家的境界是相通的。正如法国作家福楼拜所言："越往前走，艺术越要科学化，同时科学也要艺术化。两者从山麓分手，回头又在山顶汇合。"

大自然的美体现在从微观到宏观的每一个层面，甚至可以说，大自然是按美的原则来设计的。以植物为例，从微观的大分子基因排序到肉眼难辨的孢粉和千奇百怪的花粉粒，从维管束的排列组合到根、茎、叶、花、果、实的外部形态，从个体生命到丰富多彩的植被类型、生态景观，每一个领域都是美妙绝伦的。植物学家精准的文字描述，有时仍不足以表达那些瞬间的震撼，以及自然界中那些无法言传的美。许多杰出的生

西藏甲格所见植物之写生　1975 年
臧穆《山川纪行——臧穆野外日记》

物学家都是绘画达人，当文字描述显得苍白无力时，他们执起画笔，将眼中所见、心中所感淋漓尽致地化为丹青。他们的作品不仅是科学研究的生动记录，更是对大自然之美的深情礼赞。笔触之下，微观世界的精细构造与宏观生态的恢弘景观交融一体，科学精神与艺术灵感碰撞出绚烂火花。这些科学家画家也会以绘画跨越语言的边界，让那些难以言表的生命之美跃然纸上，供世人分享。

　　植物科学画属于博物画的范畴。博物画有极其悠久的历史，在远古时代，古人类或许出自生存的渴望，在洞窟的石壁上画了不少野牛、野马、猛犸象等动物形象，用以祈祷狩猎丰收。在西班牙的阿尔塔米拉洞窟，就有很多造型精美、形象生动的野牛壁画，据考证是在 17000 年前完成的，这是史前的博物画的缩影。类似的洞窟，在法国和西班牙有近 400 个。古埃及的墓室壁画也具备博物画的特点，现存于大英博物馆的内巴蒙墓室壁画《花园内的池塘》中，池塘内的罗非鱼、水禽清晰可见。墓室主人要把它们留在永生的未来世界中。经过狩猎时代和农耕时代的漫长过程，随着近代生物学、药物学、园艺学、动植物分类学、生态学的发展一路走来，先辈们留下了大量的与学科发展有关的博物画。

16世纪文艺复兴时期的大师达·芬奇也曾进行过精彩的博物画创作。他的《星花百合和其他植物》不仅刻画了植物外形，还对花果进行了局部放大和解剖。令人赞叹不已的还有丢勒的《青草地》，把生态环境表现得恰如其分。丢勒的弟子汉斯·魏迪兹为《活植物图谱》一书画了精彩的插图。18世纪前后，欧美涌现出一大批具有近代生物学知识的自然主义博物画画家。杰出代表人物有玛丽亚·西比拉·梅里安、

［左］西班牙阿尔塔米拉洞窟岩画
［右］内巴蒙墓室壁画

［左］达·芬奇植物手稿
［右］青草地　1503年
纸本　水彩
丢勒
奥地利维也纳阿尔贝蒂娜博物馆藏

皮埃尔-约瑟夫·雷杜德、让·弗朗索瓦·米勒、玛丽安娜·诺斯、约翰·詹姆斯·奥杜邦等。他们的作品，至今仍是欧美各大博物馆炙手可热的藏品。

在我国历史上，五代画家黄筌的《写生珍禽图》和宋徽宗赵佶的《芙蓉锦鸡图》都堪称中国传统的博物画的代表。明代李时珍的《本草纲目》和清代吴其濬的《植物名实图考》等著作中的插图，用线描的形式，简明扼要地记录了植物的特征，有帮助读者识别和寻找植物的功能，属于实用性的植物插图，进入了博物画的实用阶段。

我国的学者按现代生物学的理论与系统研究本土动植物资源，起步较晚。20世纪20年代，随着中国第一批赴欧美留学的生物学家胡先骕、陈焕镛、秉志等回国后，中国博物画才逐步开展。第一个在现代学科意义上为他们的著作和论文绘制插图的是冯澄如先生。他不仅开创了中国博物画中的植物科学画领域，也绘制了精彩的动物博物画，

《写生珍禽图》
五代 黄筌
故宫博物院藏

《芙蓉锦鸡图》
北宋 赵佶
故宫博物院藏

天南星
清 吴其濬
《植物名实图考》插图

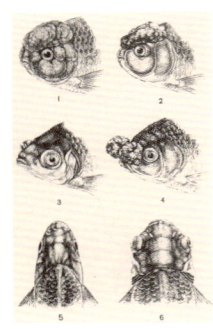

金鱼外形的变异 20世纪20年代
冯澄如绘
陈桢论文《金鱼外形的变异》插图

十齿花
冯澄如绘

杜氏百合（宝兴百合）
冯澄如绘

比如为陈桢的论文《金鱼外形的变异》所绘制的鱼类组图。冯老在江南美术专科学校的弟子以及新中国成立后加入这个行列的一批批青年学子薪火相传，赶上历史的机遇，全力以赴投身到《中国植物志》和各省地方志的编绘工作中来。这是一个漫长的过程，所有的参与者，人生的大部分时间甚至是全部时间都在为植物志画插图。

博物画不同于其他门类的绘画，博物学也不等同于科学。博物学是人类与大自然打交道的古老方式，可以说是人对自然的思考、感悟和修为。博物画不是主流美术，它以植物、动物及其环境因素为创作主体，表达生物物种原初的自然状态和形态特征，有辨识物种的功能，是一种实用美术。博物画画家必须遵从现代生物学的相关理念和写实主义的表现形式，二者缺一不可。我们先前提到的雷杜德、奥杜邦、玛丽安娜以及现代不少国家的杰出博物画画家都在效法自然的前提下偏重自然美和生态美，可以归为艺术类的博物画画家。

而生物科学画，或者说科学性的博物画，必须按照严格的科学理念，了解物种科、属、种的特征，重点展示该物种与其他物种的区别点，准确性是首要标准。植物志插图和发表新种不可或缺的形态图是科学性最严谨的博物画。植物志插图是植物志内容的重要组成部分。插图有文字无法比拟的一目了然的直观性，把抽象的内容直观化，把逻辑思维形象化。图文并茂是世界各国植物志的共同要求。通常读者使用植物志查证植物是从插图的形态特征入手的，插图提高了植物志的使用效率，极大地方便读者，没有插图就不能成为植物志，也不能发表新种。准确不仅是结构的准确，也包括生长姿态的相对正确。由于植物志的编写过程是以腊叶

毛重楼
纸本　钢笔墨线
《云南植物志》插图

标本为依据的，因此，没有相应的经典分类知识和扎实的基本功，很难胜任。在花冠雄蕊、雌蕊和胚珠、胎座的解剖放大过程中，更要慎之又慎，有疑点就要与研究人员一同观察讨论，不允许模棱两可、含糊不清。内容上绝不允许臆造，只有在形式上可以有限地发挥个性。这也是美术院校的毕业生很少能在这个工作岗位上坚持下去的原因。抑制个性、服从工作需要本身就是科学画的职业规范。

在参加"523"任务五年多的过程中，我在热带雨林毫无雕琢的野性本色生态环境内，从接触过的每一种动植物的独特意象中，感悟到自然之玄妙、生命之魅力，确信植物和动物一样，它们的生长态势是由生存意识支配的，我逐步在内心深处确立了以生命为核心的价值观念。当我再面对昔日的标本时，干枯

[左] 齿叶睡莲　1809年
《柯蒂斯植物学杂志》插图第2803号
这是西方传统的博物画，强调物种的固有色
[右] 连蕊　1979年
纸本　水粉
引光入博物画的最初尝试

的枝叶仿佛在向我昭示它生前的容貌，我意识到，准确固然是植物科学画的标准，但不是最高的标准，按照自然规律恢复它们的生命状态，表达它们对生存的渴望，才是我奋斗的目标。

于是，在黑白线条的标本画中，我会尽可能纠正腊叶标本在脱水和制作过程中被人为改变的模样。同时，经过各种类型活植物的速写，逐步掌握枝叶花果的透视规律，力争接近标本生前的状态。在植物志以外的彩色插图中，在学习观摩《柯蒂斯植物学杂志》以及欧美博物画大师印刷作品的过程中，我发现博物画有一个不成文的约定俗成的规定，即把绘画主体置于散射光的预设空间下，尽量观察记录生物体的固有色，排除光源色和环境色带来的色相和冷暖关系的微妙变化。引我入门的《柯蒂斯植物学杂志》的插图尤为典型，就是在版画完成素描的基础上，用水彩罩染、略分浓淡的固有色而已。

"年年岁岁花相似，岁岁年年人不同。"随着时间的推移和观念的深化，我对昔日的经典已经略感美中不足，能否在生

[左] 四声杜鹃　1995年
纸本　丙烯颜料
[右] 长果大头茶　2021年
纸本　丙烯颜料
引光入画的作品

[左] 蓄势待发 2022年
纸本 中国画
[右] 幽林觅无路 2022年
纸本 中国画

物绘画中引入阳光的因素是我苦苦思索的问题。万物生长，离不开阳光。叶绿体光合作用产生的有机物是地球上一切生命赖以生存的物质基础。所有的植物为了争取阳光的照射用尽浑身解数，不遗余力。阳光照耀下的植物最鲜活、最有生命力、色彩最丰富。我何不大胆一试？只有通过试验，反复践行才能得到检验。

在冯国楣先生的《云南山茶花》图谱中，我第一次在博物画中谨慎地引入了柔和的阳光，花瓣和叶片的亮部略带光源色或天光的冷色，灰部用固有色，暗部带环境色。由于缺乏历练，作品不尽如人意，但引入阳光的思路是正确的，成为我后期一系列创作的努力方向。即使是在退休多年以后的钢笔画（如《家园·松鼠》）和钢笔淡彩画作品（如《海芋》）中，我也有意识地表现光影变化，甚至在中国画中也适度营造光的氛围。

其实画画就是循其天性、畅其真情，严谨的科学画也不例外。目标一旦确立，要有定力，抗得住诱惑，经得起寂寞，不见异思迁，不随波逐流。同时要解决实现目标的方法问题，在传承和刻苦实践的基础上，博采众长、兼收并蓄、融汇中西。学传统，但不必把传统看成不二法门。绘画劳动本身就具有实验性。各种纸张和颜料的性能与使用方法应该谙熟于心，也不排除无法之法。或灵感一现，偶有所得；或触类旁通，引而伸之；或他山之石，可以攻玉。手工雕刻刀、电磨器、化妆用笔、喷绘笔，光学成像，数码技术，不避旁门左道之嫌，出效果就行。

在植物学家面前，我只是学以致用，会现蒸现卖，知识零零散散，不成系统，我永远是学生和搭档；在主流画家朋友面前，我多一点植物学知识，少一点个性张扬，我是另类，自

海芋　2020 年
纸本　钢笔淡彩

诩匠人；在邮票设计家面前，我把博物画理念引入生物类邮票，我是"票友"；在我自己的小天地中，我就是我，我行我素，自由自在。有一位当红一线大家说过这样的话，大意是"自清朝光绪年代以后，所有写实的画家都是画盲"。而我宁做一个"画盲"，并以此为荣。后植物志时代的现代博物画，应该追求自然之美：主体要真，真不真在于活，活就是生物对生存的渴望；背景要有远近虚实，要透光透气，营造一个和谐的氛围。

既然以生命为核心的价值理念已经确立，就要准确与生动并重，把恢复植物的生命状态作为追求目标。必须加强对活植物的观察和写生，我每画一种植物都要往返于标本馆、图书馆和植物园之间，查资料，画速写，构草图，力求把每一幅图画好。

形式为内容服务，内容要靠形式来表达。基础性的一般规律不可违背，线的应用是必修课。在传统博物画中，线条是最基本的绘画语言，可以表达物体的形状、体积感和明暗关系，线条的力度、排序、轻重、粗细、转折，既要符合整体的素描关系，又要反映生物的质地、结构和肌理。当掌握了用线造型的基本规律以后，就可以灵活应用，适度发挥个人的审美情趣和不同的民族风格，譬如把西方版画的线条结构与中国画的白描勾线相结合。花、果、种子等重要分类依据用线条衬托明暗关系，叶片白描即可，有虚有实，重点突出。或者干脆用纯白描、不衬影的手法，以求一目了然。取中国画"以线立形"的原理，以线概括形体，方圆、粗细、刚柔、顿挫交替变化，别有韵味，也能表现出植物的厚薄、软硬和质地，使插图带有中国线描的韵味（如《海菜花水下部分》《月见草》），不失为一种好的尝试。

[左] 天南星科植物八仙过海
纸本　钢笔墨线
《云南植物志》插图

[右] 海菜花水下部分　1989年
纸本　钢笔墨线
于洱海茈碧湖写生

我也有部分画稿完全用线条组合，加以模糊的背景处理，使之有空间氛围（如《刺果番荔枝》《鸡蛋花》）。这类图主要用于科普读物插画或速写资料。

还有白色线条的应用，在铜版纸的黑色块面上用手工刀进行白线条组合，有事半功倍的效果，也可用来清除不满意的黑线条。

在彩色图中，为了适应工作的需要，可以尝试非常规的绘画材料，我曾采用过油墨代替其他颜料，做了一些大胆试验。"523"任务中所画的百十种植物，大部分是在雨林中写生的。干季的热带雨林大雾弥漫，湿度极大，水彩、水粉都不适用，只有考虑用油画原料，但是油画原料要用绷好布的画框，或者是打好底的纸张，携带不方便。想来想去，我觉得不妨用印刷用的油墨尝试一下，它既然可以直接印在纸上，又不浸油，也就不需涂底料，或许可行。

我找到云南新华印刷厂，说明来意后，管理人员直接把我带到了车间。接待的师傅特别热情，帮忙把大桶装的油墨细心地分装到玻璃瓶里，大概有十多种颜色，基本够用了。回所以后我立即进行试验。所里照相室恰好有一箱过期作废的相纸，纸质厚实，背面细密，我用松节油调色一试，出乎意外，非常好用。我把油墨进一步分装到小药瓶中，特制了一个能带油墨颜料、画板、调色板、纸张和画笔的木箱。

"523"任务期间，这个箱子一直陪伴我在雨林中辗转，直到现在我也舍不得丢弃。经过几年的实践，油墨画已经用得很顺手了，我还把它推荐给省外的同行。油墨颜料适合于油画技法，用松节油调和即可，可薄可厚，特别方便色彩冷暖和明

[上左] 刺果番荔枝　1980 年
纸本　钢笔墨线
[上右] 鸡蛋花　1980 年
纸本　钢笔墨线
[下] 水彩结合刀刻的示范
题字：绘画本身就是实验性的劳动。水彩画和木刻结合，在胡乱涂鸦的几笔水彩基础上，用美工刀刻出白线条和高光块面，出现了意外的效果。2018 年 11 月 29 日，试于香港（中文大学）崇基（学院）

自制画箱

暗的均匀过渡与细节刻画，非常适用于博物画创作。后来我画冯国楣先生的《云南山茶花》插图和画展参展作品都是用它完成的。对于这种画法，最大的缺憾是油墨是专为印刷业研制生产的，一般只有三原色加上黑白大桶包装，自己调制太困难，色相不全。一直没想通当初云南新华印刷厂为何会有十多种颜色。后来遇到需要有相同效果的题材，就直接改用油画颜料了。

水粉画颜料的覆盖力强，可以在干后的底色上多次叠加，刻画有细节的层面，比水彩画表现力略胜一筹，用水冲淡后也有水彩画的效果。在为臧穆老师画蘑菇时，我都是直接用水粉写生的，利用其覆盖力强的优点，快速记写。

以山茶花为题材的作品《大玛瑙》也是水粉画，红白相间的花瓣若用水彩画，必须留白，过渡色的衔接要格外小心。用水粉就方便多了，白色直接盖在深色底上，软硬边线的处理和冷暖明暗的过渡也很省事。

水粉和水彩最大的区别是一个不透明，一个透明。再有就是，水彩得慎用白色，亮部必须留白或用水冲淡；水粉除暗部的深色外，中间色离不开白色，是否能用好白色是水粉画成败的关键。白色用得不当，水粉画干后会发灰，这是一个普遍

［上］金心宝珠　1976 年
纸本　印刷油墨
［下］大理苍山的苣叶报春　1989 年
纸本　水粉
［右页］大玛瑙　1979 年
纸本　水粉

第八章 理念与方法

[上左] 橙香牛肝菌　1983年
纸本　水粉

[上右] 红黄鹅膏近缘种　1983年
纸本　水粉

[下] 猴头菌　1984年
纸本　水粉

[右页] 红托竹荪　1982年
纸本　水粉

第八章 理念与方法

现象，后来试着用油画的发光油薄涂一层，画面即可恢复到鲜艳明亮的状态。我发现化学实验用的滤纸用来画水粉画比水粉纸更好，能吸纳更多的颜料，可以直接在纸上调色。色层干后，还可以用细小的喷雾喷湿，一两分钟后可以趁湿再调和。

到了20世纪70年代中期，我开始尝试引入工具刀在特殊的纸上画白线条，把木刻艺术的手法应用到动植物黑白插画上，既提高了效率，又增加了精度。实践证明，此法也很方便实用。

博物画作为一个历史悠久的画种需要传承，但传承并非因循守旧、一成不变。我可能属于比较不安分的人，在工作实践中总觉得意犹未尽，不满足，想尝试一些新的方法，不断充实和改进。我想，绘画本身就带有实验性，哪怕失败也值得一试，是挑战也是乐趣。实验多了，总会有所收获，这样才能不断地超越自我。

电动钻笔是我在这几年偶然间自创的"邪门歪道"。有一次看到玉雕工艺师用电磨器进行雕刻，心里就想，如果在水彩纸上运用，会有什么效果？尝试之后，我开始喜欢上这种方法。它的好处是提白自然、纯粹，而且还可以进行二次补色，非常方便。比如红腹锦鸡头部毛羽的处理，我采用了电磨器直接画上部的羽毛。长毛秋海棠是中国特有种，唯见于云南南部林下、潮湿地或者岩石上。其植株浑身都是毛被，用传统的方法或留白或提亮难度较大。后来创作《长毛秋海棠》时，我就在上完丙烯颜料的底色上直接用电磨器画，效果自然。2021年，应我所真菌学家杨祝良老师的邀约，我画了一幅《网盖牛肝菌》。菌上的网纹，包括下面的枯枝落叶，原先我都没画，都是在画

用丙烯颜料在光滑的纸面上做肌理效果

的基础上用电磨器加工而成的。用电磨器的关键是钻头的选择和打磨。新钻头太锋利，纸面经不住，要打磨到较光滑的程度才能在纸上用，需反复试验。这些不过是雕虫小技，仅供参考。

《家园·松鼠》是我在 2018 年 79 岁时接到中国美术家协会主办的第三届全国钢笔画学术展策展人李晨老师的邀请而画的。大部分钢笔画家都是用交叉线和打点来表达画画对象的素描关系，通过光影和明暗关系把二维变成三维。这张画基本

[左] 多刺绿绒蒿　2023 年
纸本（水彩纸）　丙烯颜料＋刻刀
[右] 金丝桃　2023 年
纸本（卡纸）　丙烯颜料＋刻刀
花丝与花瓣边缘使用了刻刀
[右页] 华山松　1980 年
纸本　毛笔线条＋刻刀
这是以典型的西方铜版画平行线线条绘制的科学画，球果的暗面使用了工具刀刻画白线条

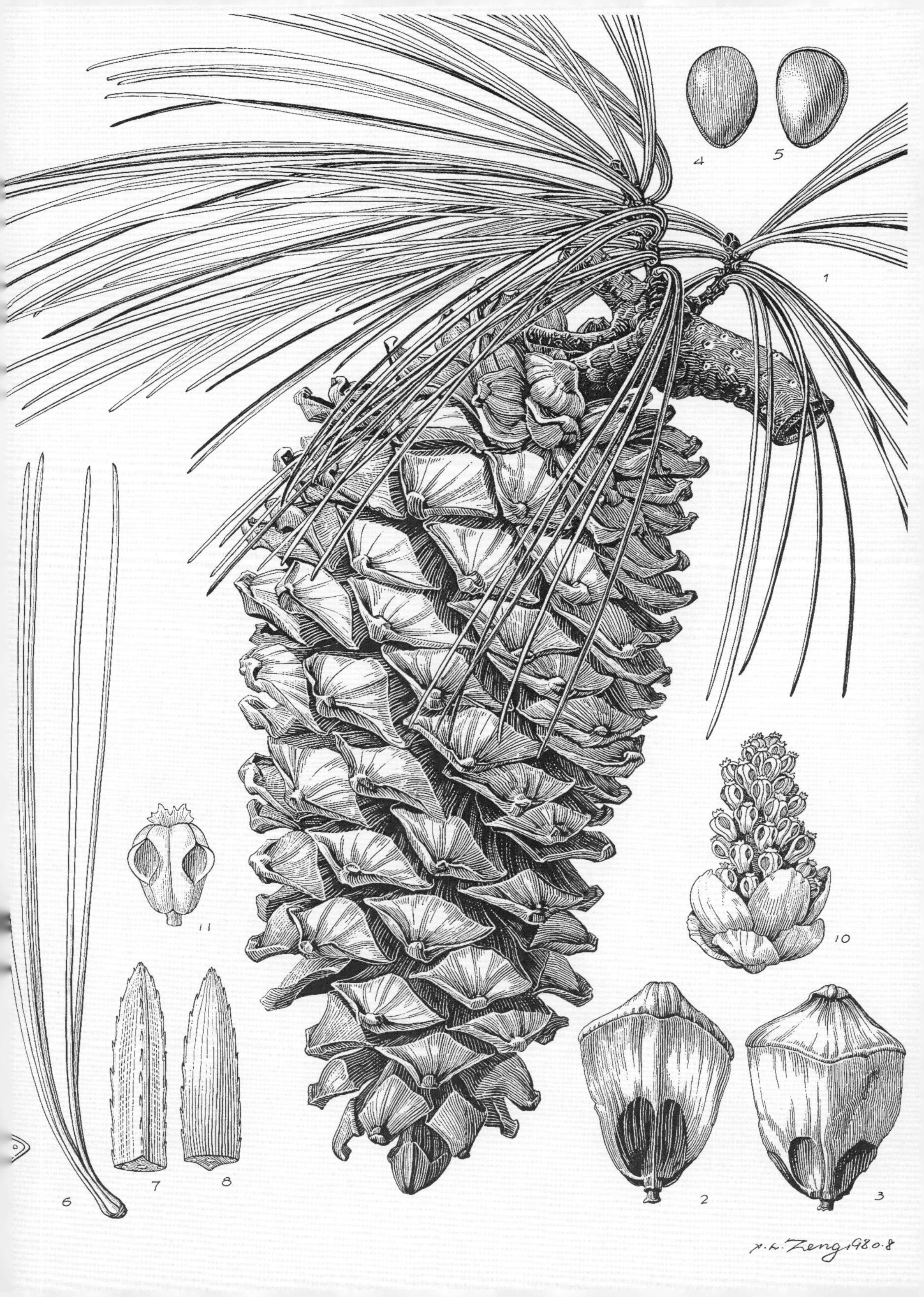
1
2
3
4
5
6
7
8
10
11
x. L. Zeng 1980.8

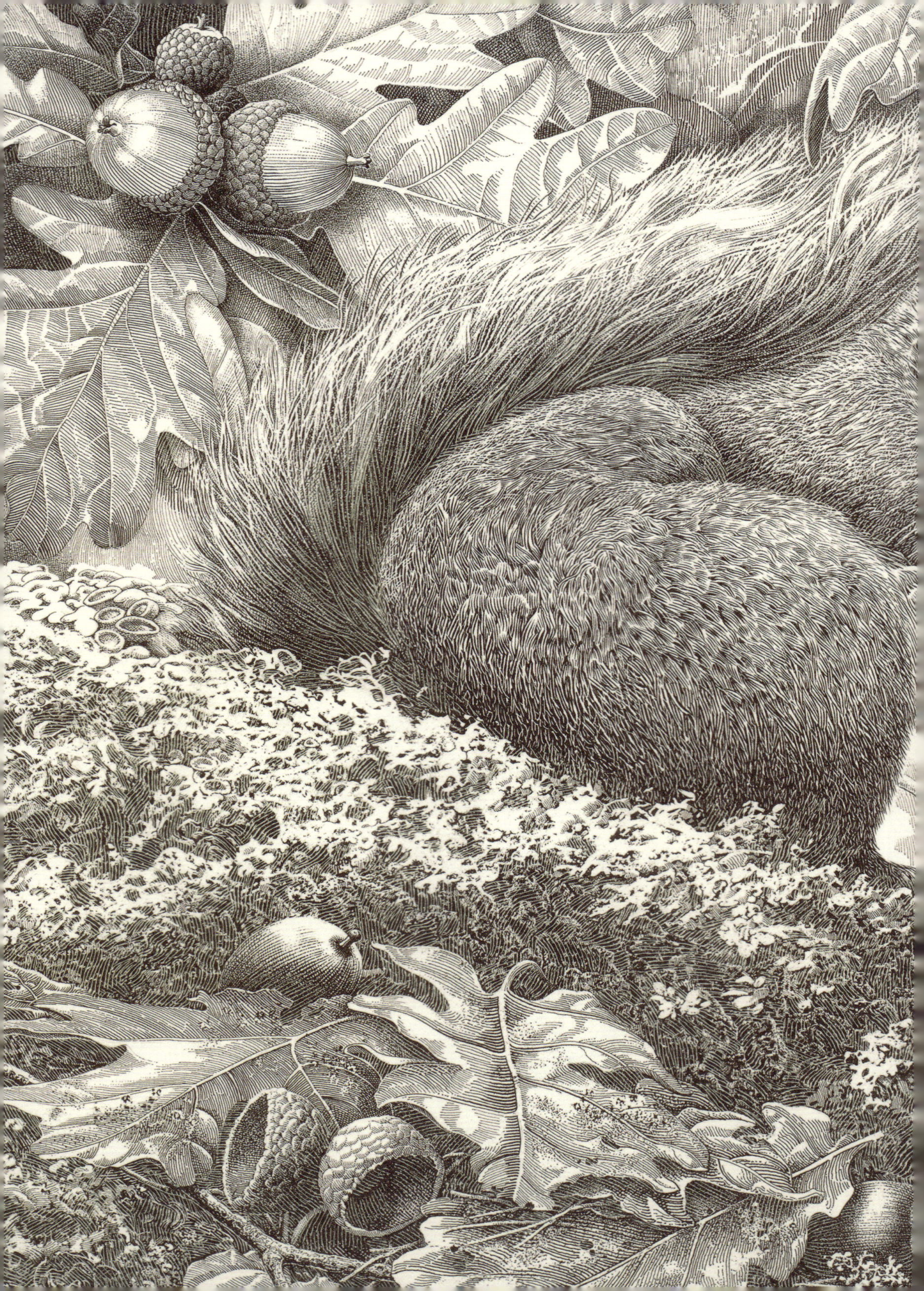

家园·松鼠　2018年
纸本　钢笔+刻刀

金花茶 1973 年
纸本 钢笔墨线
以白描手法结合版画平行线绘制的科学画

月见草 1976 年
纸本 毛笔白描
纯以白描手法绘制的科学画。图版中包括黄花月见草、四翅月见草（槌果月见草）2 个种。
图版上的署名"曾晓濂"是曾用笔名

牡丹　2019 年
纸本（1000 克卡纸）　丙烯颜料＋刻刀
应邀为"2019 北京世园会"创作的文创图

荷花 2019 年
纸本（1000 克卡纸） 丙烯颜料 + 刻刀
应邀为"2019 北京世园会"创作的文创图

［上］贴梗海棠　2018 年
纸本　油画＋电磨器
［下］使用电磨器的工作照

红腹锦鸡 2018 年
纸本 丙烯颜料 + 电磨器
局部图中雌鸟头部羽毛的处理可显见电磨器的使用

自然而然—曾孝濂自传

[左页] **网盖牛肝菌** 2021 年
纸本 丙烯颜料 + 电磨器
根据杨祝良研究员提供的资料绘制

长毛秋海棠 2020 年
纸本 丙烯颜料 + 电磨器
根据税玉民教授提供的资料绘制

[上] 野芭蕉　2023 年
纸本　中国画

[下] 用粉底刷刷墨

[右页] 轮盘平趾衣　2020 年
纸本　丙烯颜料＋刻刀
根据王立松提供的资料绘制

第八章 理念与方法

297

清明花　2020 年
纸本　钢笔淡彩

木菠萝（幼果）Artocarpus heterophyllus Lam.
X. L. Zeng 2020.4.18

波罗蜜 2020 年
纸本 钢笔淡彩

都是用的平行线即兴发挥而成，少数地方用了刻刀。开始我也不太有信心，毕竟79岁了。这张画给我鼓了点儿劲。七八十岁，不算太老，所以我又趁热打铁画了几张钢笔画，如《清明花》《海芋》《波罗蜜》等。

还有一个不容回避的问题：随着光学成像技术的高度发展和普及，生物绘画是否会被取代？照相技术是最便捷、最普及的记录图像的方式，当代视觉文化已经向图像时代偏移，它改变着人类的观看方式和文化态度，这是不争的事实。我画了半辈子的速写，速写伴随我完成了各项工作。20世纪80年代后期，我第一次买了照相机，开始用它大量收集素材，记录下大自然奇妙的瞬间，无论是速度和细节的记忆都大大超越速写。手机出现以后，更是无孔不入地成为大众观看、记录和传播图像的方式。在我的手机图库里，经过多次筛选，至少还有2万多张有价值、舍不得删除的植物、动物和生态景观照片，它们帮助我留下了即将消失的那一美好瞬间，是我创作的重要素材。照片更真实、更客观，可以用在人类社会的所有领域。有一位资深画家大声疾呼：写实性的绘画在摄影面前必将消亡，没有存在的必要，好像麻雀一样飞去就飞去了。我可能是后知后觉，既是摄影技术的受益者，也对生物绘画的存在充满信心。摄影是纯客观的写照，绘画是选择性的发挥。就拿生物绘画而言，你可以突出物种之间相互区别的典型特征，还可以把不同时空、不同生长期的物种形态组合在一起，有主有次，有虚有实，表明你对客观物象的认知和你对生命的感悟。照片只能帮助你记忆，不可能代替你的创作意象和绘画语言。

艺术门类之间的相互借鉴和渗透、交融，无损于自身的

[上] 购得第一台相机后在野外采集素材
[下左] 拍摄大王花
[下中] 在植物园拍摄松鼠
[下右] 用手机及时记录偶遇的刺猬

艺术的特性和审美价值，而是相得益彰，不断扩展自身的内涵和外延。多年来我与省内外生态摄影家奚志农、范毅、赵光辉、薛康有过难忘的交往，他们风餐露宿，不顾安危，留下了很多稍纵即逝的动植物影像作品，为保护野生生物及生态环境竭尽全力，值得我们学习和敬佩。许多次在我创作动物题材遇到困难时，都得到了他们的慷慨支援，授权我参考、借鉴他们的摄影作品。借鉴摄影对光影和动作的捕捉以及对细节的记录，是当今所有写实主义画家的共同需求。反之，摄影艺术家也会从绘画的理论和实践中获取营养。

国画创作

生态水墨画一直萦回环绕在心头，既是自寻难题，也是挥之不去的诱惑，是我近几年工作的重点，本想 2024 年告一段落，可能难以兑现。我至少用了 8 年的时间学习传统水墨画，尝试用中国画的形式，表达符合现代生态学理念的内容。

什么是生态？生态就是一切生物的生存状态以及生物之间或生物与环境之间的关系的状态。生态学则是研究动物、植物、微生物之间及其环境（包括非生物环境和生物环境）相互关系的科学。生态绘画即反映生物原初自然形态和环境因素的艺术形式，狭义地说即以符合生态理念的动植物为主体的绘画，追求和谐的自然美。不能把不同地域、不同生态类型的动植物拼凑在一起，不能随意发挥。主体要"尽精微"，要实，环境须"致广大"，虚实结合、宁缺毋滥，营造氛围为主。

我为什么对生态水墨画情有独钟，把生命的后半段很多时间都搭进去了？我曾经把白描、工笔花鸟技法用在植物志插图及科普著作插画中，也画过不少小写意的作品，不止一次地鼓动国画家用严谨的花鸟画技法进行博物画创作。当下，国外动植物绘画的发展趋势是超级写实主义。一些名家的作品，包括野生动物生态艺术画作品逼真的写实程度令人赞叹不已，值得学习和借鉴。但是，所有的文化艺术领域各种风格和流派相互碰撞与包容的大格局是不会改变的。追寻自身民族的文化特色才觉得更加过瘾。传统文化的魅力，像磁铁一样紧紧地吸引着我，让我寝食难安。我不是一个墨守成规的人，明知底子薄还不愿走别人蹚出来的现成路，是自讨苦吃，也是乐在其中。人生也是拿自己做实验，可能永远达不到预期的效果，可即便

向日葵与鸟　2010 年
纸本　中国画

[上] 竹根写生　1989年
[下] 竹根　2009年
纸本　中国画

[上]白马银瀑图　2003年
纸本　丙烯颜料
[下]骏马　2011年
纸本　中国画

自然而然——曾孝濂自传

[左页] 大熊猫　2003年
纸本　水彩＋丙烯颜料

白马鸡　2003年
纸本　中国画

[上] 秋凉　2008 年
纸本　中国画
[下] 孟加拉虎　2008 年
纸本　丙烯颜料

小熊猫母子 2009年
纸本 中国画

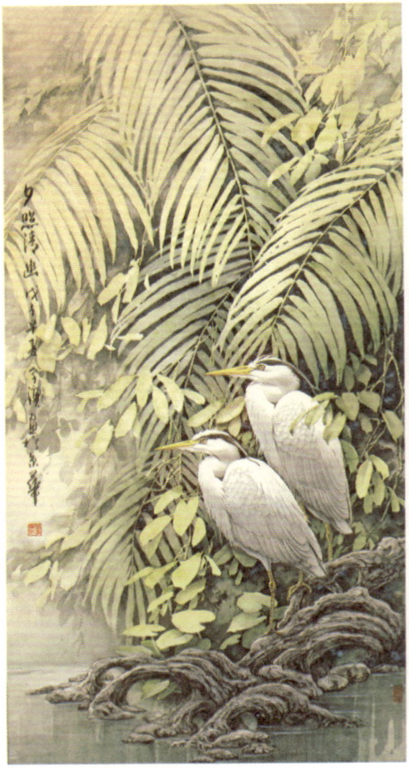

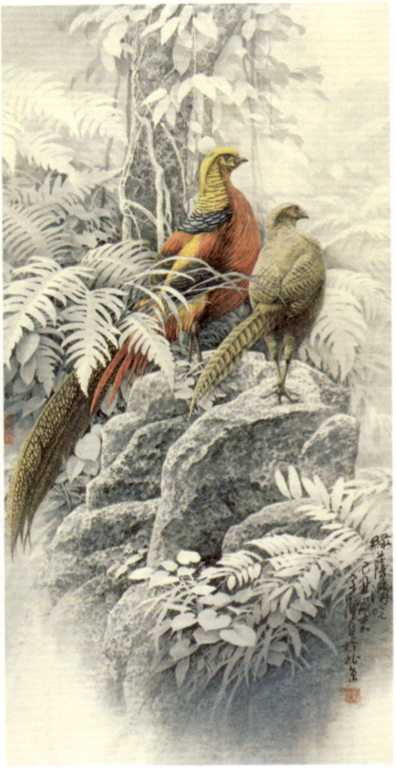

[左页左] 夕照清幽　2008年
纸本　中国画
[左页右] 绿荫清晓　2009年
纸本　中国画
[左] 夕巢　2012年
纸本　中国画
[右] 儿在巢中待母归　2011年
纸本　中国画

［上］鹰　2010 年
纸本　中国画

［下］马首图　2011 年
纸本　中国画

［右页上左］东方雄狮　2012 年
纸本　中国画

［右页上右］野象　2009 年
纸本　中国画

［右页下］牛　2010 年
纸本　中国画

第八章　理念与方法

313

失败又如何？只要尽力了，痛痛快快地走过一趟，未果的结局也是有滋有味的。

迄今为止，我在创作练习过程中，留下一大堆废纸，也保留下来了 300 余幅大大小小的生态水墨手稿。其中，能够称之为作品的大概不过半数。

此时我已经年过七旬，时不我待，是时候进入创作阶段了。赞英也六十多了，可以叫老伴儿了，趁腿脚还利索，赶紧多跑几个地方，多收集点创作素材。于是在老伴儿的陪同下，我去西双版纳重温旧梦，去名刹古寺找寻千年古树，去内蒙古额济纳钻胡杨林，去山西壶口观黄河瀑布，去北京怀柔爬箭扣长城，去柬埔寨游吴哥窟，趁探望在美国留学的孙子的机会，三次穿越红杉林，沿加州西海岸自驾游，领略太平洋的烟波浩渺……每到一处，澄怀味象，物我交融，捕捉客观物象与内心审美情趣，与触动心灵的美景邂逅时的第一印象极为重要，这种带着真情实感的印象将引领我此后整幅画的创作过程。照片则帮助我把整体形象和细节记录下来，留住即将消失的瞬间。

每次出行归来，我都要迫不及待地乘兴而作，短则三个月，长则一年半载，画不够，也累不够，沉浸在愉悦之中。退休后，我大部分时间都住在北京儿子家中。虽然时间能够自由支配了，但还是觉得不够用，我几乎没有悠闲的日子，家里的事情管得很少。转眼十年下来，也积累了近 200 幅作品。2016 年，云南美术出版社出版了《曾孝濂彩墨画集》，囊括了这些年的代表性作品，有七八十幅，算是阶段性的检验。可惜没有能够趁热打铁，别的工作接踵而至，又停顿了很长时间。原计划到 2024 年底创作 100 幅雨林水墨生态画作，现在看来又要往后推延了。心之所向，路还漫漫。

[上] 记写加州红杉林　2013年
纸本　中国画
[下] 高棉的微笑　2013年
纸本　中国画

第八章　理念与方法

315

[上] 胡杨林 2013年
纸本 中国画
[下] 虎跳峡 2015年
纸本 中国画

林森森雾蒙蒙，霞光忽现显真容 2022 年
纸本　中国画

季雨林　2019 年
纸本　中国画

缠绕 2019 年
纸本 中国画

自然而然——曾孝濂自传

雨林　2019 年
纸本　中国画

第九章 草木知秋

草木知秋

命中注定我是一个单调的人，凡事从一而终，无二之选。正如陶行知先生说的："人生天地间，各自有禀赋，为一大事来，做一大事去。"生物绘画就是我最大的事，一生一事，竭尽全力，无怨无悔。

2018年是我极为繁忙的一年。7月，中国科学院昆明植物研究所迎来建所80周年华诞。经所领导决定，昆明植物所植物园承办的"曾孝濂科学艺术画公益展"将与所庆活动周同步举办。我得知这一消息后激动不已，从北京提前回到昆明，全力配合植物园副主任王仕琼做好各项准备工作。谁言寸草心，报得三春晖，此时不报，更待何时？这是对我的召唤、信任和鼓励，也是我这些年没有偷懒懈怠的汇报。开幕式上，老所长、老朋友孙汉董院士拄着拐杖来了，党委书记、忘年交杨永平也来了。他们讲完话以后，我含着热泪致了答词。这是我平生最重要的一次展览，也是展程最长的一次展览，从7月开始，到12月底结束。

退休以来，有十余年时间，我随家人居住在北京。这次终于回家了，见证了经过几代人艰苦奋斗、薪火相传、继往开来、承前启后的傲人成果。杨永平陪同我一个人坐升降舱到地

2018年昆明植物研究所所庆老同事合影
右起：孙汉董院士、彭玉辉（孙汉董夫人）、曾孝濂、李恒、张赞英

下，去零下 27 ℃的我国第一座国家级野生生物种质资源库参观。老所长周俊院士和时任领导孙航所长约我到家中促膝相谈，百感交集而又温馨。80 周年所庆，对我而言，就是游子回家。植物园里阔别多年的小苗都已长成大树，走在林荫道上，清新的空气和泥土的芬芳仿佛讲述着一段深情的故事，寄托着无尽的思念。昔日的同事如今安否，再不见一面，恐怕没有机会了。于是，我拽着老伴儿逐一拜访臧穆的老伴儿黎兴江、方瑞征、刘培贵、管开云、杨崇仁、陈蓟香、余筱峰、李锡畴、吴锡麟的小伴儿李琼英、志愿军老战士陈汉华。我俩和方瑞征还一同去看望了黄蜀琼的女儿们、老领导张敖罗和赞英的老师夏丽芳，和李恒，王立松、王世琼夫妇更是常来常往。

之后，我又用了近一个月时间，为 12 月在上海举行的"庆祝改革开放四十周年——第三届全国新钢笔画学术展"创作了传统博物画风格的钢笔画《家园·松鼠》。年底，又应邀在香港中文大学举办个展和讲座。

正当我忙得不亦乐乎的时候，疾患来袭，方知岁月不饶人。在赶绘《影响世界的中国植物》期间，我每天工作不少于 11 个小时。虽略感疲惫乏力，时觉胸部不适，但可能因为精力过于集中，一直以为是缺乏户外运动所致，没当回事。这种症状直到年底从香港返回后仍不见好，在老伴儿的催促下只好去医院就诊。CT 检查结果完全出乎意料，右肺上叶居然有一个 3 厘米的包块和磨玻璃状阴影，癌症的可能性极大。我又做了一个 PET-CT，被诊断为肺腺癌中期，大脑和骨骼中尚未见转移。胸外科主任施云翔特别好，给我普及了肺癌的常识，当下治疗首选手术切除，他可以亲自为我做手术，也坦诚地建议我，手术风险较大，如果有条件去北京做更有把握。谢过施主任，随即出院赶赴北京。说实话，这个消息当时对我打击很大。倒不是舍不得生命，而是我还有很多想画的没画，还有很多想表达的没表达出来。正在觉得要使劲的时候，来了个肺癌。

其实这已经是2018年我第二次发病了，年初就突发过一次腔隙性脑梗塞。一开始是觉得口舌发麻，然后突然就发生了语言障碍，舌头僵硬，说话不灵。幸好在北京大学第三医院及时就诊治疗，除了口眼略微歪斜，没留下别的后遗症，这也导致我没有引起充分重视。住院期间闲不住，回顾往事，我还写了一段顺口溜，不成文理，也不押韵，胡诌而已：

信手涂鸦一顽童，机缘巧合入画途。以腊叶标本为依据，为植物志画插图，世人多不屑一顾，我偏觉得味道足。既要坐得冷板凳，又要登得大山头。时而心猿意马，闯深山老林，领略狂野之壮美；时而呆若木鸡，静观花开花落，澄怀味象，感悟生命之真谛。动静之间，寻觅灵感之沃土。以勤补拙，死抠硬磨，练就不法之法。凝花鸟树木于笔端，宽慰自己，也给观者留下些许回味。随遇而安，尽力而为，乘兴而来，尽兴而归。

这次不同了，谈癌色变，预后[1]未卜。我赶紧买好去北京复查的机票。临出发的前一天，年过九旬的李恒在全星的陪护下来到我家。我感觉不寻常,赶紧请她坐下。她果然有要事找我，

---

1 预后，临床医学用语，指预测各种疾病的可能、发展过程以及疾病的结局。

说有一篇论文准备投给《自然》(Nature)杂志，缺一幅滇重楼的彩图，希望我到北京后抽时间画一下。我知道《自然》是国际生物学的顶级刊物，此文一定非同一般。我毫不犹豫地应承下来，李恒没说什么，留下必要的资料就放心地走了，而我也相信自己有能力完成她的嘱托。

到北京以后，没想到几个大医院的主任医师都以我已80岁、风险大为由，不同意手术，建议化疗放疗。我深知化疗放疗反应极大，手一抖就画不成了，形同废人，毫无意义。幸而

李恒在曾孝濂美术馆《滇重楼》前留影

好友赵光辉的朋友李洁老师与中国医学科学院肿瘤医院胸外科主任毛友生熟识。我请他向毛主任转达力求做手术的原因，风险自负，决不后悔。毛主任终于同意为我治疗，但是否能做手术要检查之后才能确定。北京肿瘤医院因患者太多而与众不同。别的医院是先入院以后进行术前检查，北京肿瘤医院是先在门诊做完各项检查以后，符合手术条件者才能住院。于是漫长的检查程序拉开了序幕。

我儿子家距离医院20多公里，去医院做检查来回要折腾20余天。正好李恒的重托可以兼顾进行，我不确定手术后还能否画画，或许这幅《滇重楼》就是句号，必须在手术前完成。凭我闹中取静的功夫，利用检查空隙的所有时间，终于在入院前两天完成了作品，又用快递寄给张全星转交李恒，没有食言。事后全星问我，你们两个老人是怎么回事？到了这个份儿上连一句客气话都没有？我说这就是我们，她若是客套，她就不是李恒，我若是拒绝，我就不是我了。

做完院内检查之后，毛主任要求我到阜外医院心内科做最后一项检查，看看心脏可否承受。幸好心内科专家出具了可以手术的诊断意见。入院后第二天，全家人包括赞英的弟弟妹妹陪送我进了手术室，留在病人家属等候厅内关注手术信息。手术非常顺利，5个小时后，被送回病房。第二天一早，麻醉已过，头脑完全清醒。我让赞英给我拿一支笔来。赞英说，这儿哪有笔？我让她递给我一根筷子，我把筷子当笔，在输液管上任意移动，要点哪儿就能点到哪儿，瞬间双目噙泪，成功了！只要能稳稳地握住笔杆，我就能依然如故地画画。我钟爱的嗜好不会中断，还可继续。

不一会儿毛主任来查房，我向他致谢，他告诉我手术很顺利，第一叶肺切除，第二叶肺有肺不张的可能。肺不张就是支气管阻塞引起的肺泡功能减退的疾病，虽有隐患，但病灶已全部清除，手也不抖，我的目标达到了。

凶多吉少的癌症，让我第一次想到了死亡。生老病死是不可逾越的规律。人到暮年，明知死亡是早晚的事，真的来了，还是舍不得走，舍不得与家人永诀，舍不得丢下没有完成的心愿。正因为死亡已提到日程上来，与其惶惶不可终日，不如一如既往，该干吗干吗。

出院后第二周，赞英陪我在小区散步，看见院子里秋天火红的鸡冠花正在盛开，叶子也开始红了，我再也按捺不住，边观赏边构思，久久不愿离去。我得赶紧开始尝试，看我还能不能画。我画鸡冠花，当时是表达我的一种心情。鸡冠花又叫雁来红，在传统花文化中象征心在燃烧；又叫老来少，老了老了它还红，寓意老有所为，正合我当时的心境。采摘了两枝回

鸡冠花　2019 年
纸本　水粉

自然而然—曾孝濂自传

睫毛萼杜鹃　2020 年
纸本　丙烯颜料＋电磨器

壳斗科果实　2021 年
纸本　综合颜料

自然而然——曾孝濂自传

灰孔雀雉　2020 年
纸本　丙烯颜料 + 喷笔 + 电磨器

大黄冠啄木鸟 2020 年
纸本 综合颜料

红原鸡　2020 年
纸本　丙烯颜料＋水彩

[左]曾孝濂美术馆正立面　[右]曾孝濂美术馆内景

家，开始创作手术后的第一幅画。果然手不抖，心不躁，又回到了病前的状态。我再也停不下来，一幅接一幅，无休止地画。

发病之前，经老朋友唐志刚推荐，我认识了昆明当代美术馆馆长聂荣庆，约定在美术馆办一次展览。生病治疗期间，得知"花花世界"展览已经在当代美术馆开幕，李成才导演专程从北京到昆明担任策展人，还作了开幕式主讲。我躺不住了，心已经飞往花草树木之间，巴不得赶紧拿起画笔补偿治病耽误的时间。

在北京待了一个月有余，北京的寒冬快要来临，到医院去复查，恢复尚可，只是被医生说中了，右肺中叶肺不张，下叶又长了一个包块，约1厘米大小。毛主任嘱咐不能去海拔2500米以上的地区，半年之后必须再复查。

我和老伴儿回到昆明，我本想抓紧时间画国画，云南美术出版社总编辑张平慧老师两次来电联系，希望出版我的云南版的花鸟画集。我认为大部分作品都在读库公司的《云南花鸟》出版过，没有新作品，不宜重复。此时聂

在美术馆

为"画与相"展览制作大幅复制画 2022 年
刘香成摄

荣庆已成了我的忘年交，颇为投缘，手术后这些日子多有交往，而且促成我垂暮之年做了两件大事。他认为出书是好事，如果身体状况允许，画一些新作品与读者分享是应该做的。我想画花没问题，画鸟找素材太艰难了，既有海拔高度的限制，又难以跋山涉水，纵使相遇，转瞬即逝。别说画，拍照也来不及。除非有鸟类摄影高手提供照片并授权我使用。没想到我所地衣专家，也是我的忘年交王立松得知以后，很快找到两位爽快的朋友——辉宏和王晋朝，他们常年开车随中国科学院昆明动物研究所的鸟类专家野外考察，积累了大量高质量的野生鸟类照片，授权我使用。于是，我用两年多时间，集中精力画了百余幅花鸟新作品。2022年4月在云南美术出版社高效统筹下出版发行了《极命草木》大型画册。本书由聂荣庆主编，他还亲自撰写了2万余字的前言。

《极命草木》的出版、"曾孝濂美术馆"的筹建工作和2021年在昆明当代美术馆举办的"一花·一鸟·一世界"美术作品展几乎是同时推进。这些活动的契机是联合国《生物多样性公约》缔约方大会第十五次会议（COP15）将在昆明召开。上至各级政府，下至普通百姓，无不为之振奋，但凡能使上劲的，都忙碌起来，各司其职。

聂荣庆善于把握先机，早早与昆明世博园控股方华侨城达成协议，把原巴基斯坦馆和越南馆改建为"曾孝濂美术馆"，而且不等资金到位，就自行筹款，组织设计、施工、绿化班子，先干了起来。已经开工了，他才把原委告诉我。听后吃了一惊，我何德何能建一个以自己名字命名的美术馆？昆明比我有能耐的画家多了，切切不可。他胸有成竹地解释："你的作品内容与 COP15 对口，趁此机会先建起来，其他再说。"

冷静想想，此言也不无道理，再说都走到了这一步，已无退路。坦诚地说，此举也符合我的心愿。退休以来虽积累一些作品，但从来不卖，心里想的是把它们放在适合的地方，集中保存。荣庆这次不是收藏，只是交由美术馆集中保管，与浙江自然博物馆之举性质相近。能定期轮换展出，与家乡观众分享，比放在家里储物间强多了。

至于"一花·一鸟·一世界"作品展，都是近两年的新作品，算是水到渠成，既合时宜，也没有耗费太多精力，还为 COP15 营造了气氛，这一切都不得不钦佩荣庆的运筹帷幄，还有谢飞、朱子甲、杨雄、王建钢、郑小序的精明干练与通力合作。

2021 年在"一花·一鸟·一世界"展会上遇上了著名纪实摄影大师刘香成老师和他的夫人凯伦。也许是心灵相通，他还来到昆明植物所，大家相谈甚欢，拍了不少照片。随后荣庆和刘老师商议，在刘老师上海西岸摄影艺术中心与他联合举办题为"画与相"的展览。展览在 2022 年 3 月初开幕，在凯伦的主持下，还举行了一次对话会。绘画与摄影在此交融，相得益彰。刘老师最具代表性的作品是 1991 年戈尔巴乔夫向世界宣布苏联解体后扔下手中的讲稿的历史性一瞬间。从此一个时代落下帷幕。第二天全球各大媒体都在头版头条刊登了此幅照片，刘老师也因此赢得了普利策突发新闻摄影奖。当我亲眼看到这幅照片时，仍然为影响世界历史进程的这一瞬间的场景所震撼。

几乎在同一时段，我还应邀在北京中欧国际工商学院举

[上]为画展《红原鸡》复制放大画润色　2020年
[下]刘香成先生为我拍摄工作照　2020年

第九章　草木知秋

办了"笔下生息——曾孝濂自然科学画展",以及在北京798艺术区合空间举办"曾孝濂生态水墨画展"。有"六哥"张立宪出面,我岂能推辞。我又结识了几位好友:萧斌、田芳和小跳跳。

近几年还四次重返西双版纳。第一次是携老伴儿、儿子、儿媳妇,一行四人从北京出发,直扑景洪和勐仑,与他们分享当年的感受。故地重游,重温旧梦,我找回了珍贵的记忆。第二次是参加热带植物园举办的纪念蔡希陶诞辰110周年座谈会,会上表达了我对蔡老的崇敬和怀念。第三次是应老朋友何瑞华邀约一同作画,并收集更多雨林素材。第四次是和荣庆、朱子甲一道再次前去收集素材。

2021年秋天,《极命草木》图稿刚完成,与中国林业出版社约定的《诗经生物图考》的插图工作就接上了。《诗经》是我国传统经典著作,诗文中涉及大量植物和动物,大部分古代名称与现代常用名称不符,经过很多专家学者考证,鉴别清楚古称种类,使之与现代通用名称相统一,再用插图展现出来,让后人知道《诗经》中动植物的真面目,有助于了解古人对花草树木、飞禽走兽的真情实感,进而感受诗中的意境和情怀。这无异于为读者打开阅读经典的一扇窗户,展现经典别有洞天的一面。这是我们老祖宗的东西,在日本江户时代画家细井徇就做了《诗经名物图解》,我们自己的东西为什么自己不做?

《诗经生物图考》由吴卉担任责任编辑,吴兴亮、杨建昆和我共同承担插图工作,另有生长在北京地区的10个物种约请北京画家陈墨、贺亦军、卢铁英分担。我完成了其中的将近90幅画。我画《诗经》中的动植物用了不同的绘画形式,很愉

［上左］芙蓉　2022 年
［上右］棠棣　2022 年
［下左］田旋花　2022 年
［下右］小麦　2022 年
纸本　丙烯颜料 + 中国画颜料
《诗经生物图考》插图

第九章　草木知秋

［上左］梅花鹿　2022 年
［上右］马　2022 年
［下左］蝉　2022 年
［下右］蟋蟀　2022 年
纸本　丙烯颜料＋色粉＋高光笔
《诗经生物图考》插图

银耳相思鸟与粉花羊蹄甲

画《诗经生物图考》之后所作，在色纸上用色粉（包括眼影等材料）创作不需要打底色，只需画暗部和亮部，是韵味不同的博物画

快，因为它是西周时代的著作，所以带了一点中国画的味道。

我的肺肿瘤切除以后，恢复得特别好。画完《鸡冠花》以后就没有间断过创作，不是画博物花鸟，就是画中国画，还参加了不少活动，每天工作不少于9个小时。唯一感到与以往不同的是，爬坡和上楼梯气不够用，喘得比较厉害。医生说是正常的，割掉一叶，罢工一叶（肺不张），少了两叶肺，供氧不足，自然要喘。手术四年来，除治心脑血管疾病的药以外，我没有用过任何与癌症有关的药物，已经相当不错了，喘气也无大碍，过几分钟就恢复平静了。画起画来什么都不想，和健康人完全一样。

画累了还写过几句打油诗：

平生无大志，就好画两笔。已是耄耋之年，拙心不改，一意孤行意未了。未了未了，还有人找。尽力而为，一件一件做好。还好还好，老迈之作还有人瞧。

一个人在有限的时光，最大限度地发挥余热，一如既往，该干吗干吗，只要诚实地面对自己，只要永不放弃，哪怕想做的事情明明知道做不完、达不到目标，哪怕生命戛然而止，也不必悲伤。人生永远达不到极致和完美，生命就是一场阶段性的体验，过程比结果重要。意犹未尽，就是最好的了却。

我喜欢明末清初大儒顾炎武的一句话："有一日未死之身，则有一日未闻之道。"他激励垂暮之年的老人，一息尚存还要砥砺前行。我的未闻之道太多了，"老"不能成为偷懒的借口。在82岁的时候，我在孙子的指导下学会了使用Procreate软件，用它起小稿构图，快而省事，为我赢得了时间，让我尝到了甜头。

2023年初秋，我又去北京进行了一次复查。CT报告出来，右肺变化不大，原来没有问题的左肺，又出现了磨玻璃状阴影，这是不好的征兆。再加上心血管冠状动脉粥样硬化和主动脉硬化的症状日益明显，心脏早搏频繁出现，24小时达到1.7万次。心内科的医生为我做了一次射频消融手术，帮我解决了早搏的问题。

现在我每天仍然能工作八九个小时，我已经非常知足了，顺其自然，宽性宽怀过几年，尽人事，听天命。等到生态彩墨画告一段落，说不定老天爷还会给我点儿时间，让我再过把瘾。

经昆明植物所领导同意，2021年3月，我又回到了我工作的地方，实现了"不论走到哪里，定要回来"的诺言。我被安排在博士后住的青年骨干人才公寓楼内，就像回家一样倍感亲切。见了老同事，有说不完的话。年过九旬的李恒依然健在，每天照常上班；九十多岁的"天麻之父"周铉坐在轮椅上谈笑风生；与我同龄的老所长孙汉董院士仍然坚持药物化学研究，引领年轻一代开创未来。忘年交孙航、管开云、周浙昆、杨祝良、王立松、孙卫邦、许建初已经是各自学科的带头人，硕果累累。多年同甘共苦的绘图组同伴肖溶、李锡畴、杨建昆、王凌，每个人都没有放下手中的画笔，作品丰硕。还有冯宝钧、牛洋、王仲朗、张石宝、张伟、付学维、王跃虎、冯石、罗吉凤、郗

阳光中的曾教授 2022年
纸本 彩铅
徐洋绘

黑龙潭公园黑龙宫写生　1962 年
纸本　钢笔

望……好友太多了，不胜枚举。他们送我自己的著作，提供鲜活的标本，为我查找资料，我如鱼得水，游回源头。还有最近两三年认识的新朋友，云南美术出版社的汤彦、小画家小禹辰、万事通小可可，总是惦记着我们，陪我们上医院，为我们买好吃的，总想着为我们做点什么。她们善解人意，每次相聚，都给我们带来温馨和欢乐。汤彦特别爱唱歌，随身总带一个麦克风，陪我们一起唱 20 世纪五六十年代的老歌,《友谊地久天长》《莫斯科郊外的夜晚》，还有王洛宾的西部民歌。歌声真能让我

美丽桐 2020年
纸本 丙烯颜料
根据李溓漪提供的未脱水标本及
牛洋提供的翔实资料绘制

第九章 草木知秋

根据王立松教授提供资
料绘制 庚子笔早春
孝濂於昆明

[左页]胡克丛林牛皮叶 2020年
纸本 丙烯颜料+刻刀

[上]塔黄 2023年
纸本 丙烯颜料
为孙航院士主持的国际会议而作

[下]香水柠檬 2023年
纸本 丙烯颜料
根据许建初教授提供的资料绘制

[上左] 珙桐　2024 年
　　　 纸本　丙烯颜料
[上右] 芙蓉花　2024 年
　　　 纸本　丙烯颜料
[下]　银杏　2024 年
　　　 纸本　丙烯颜料
2024 年为成都世界园艺博览会创作的三幅作品

找回年轻时代的感觉。

我和赞英得到了所办公室和人事处无微不至的关照。办公室副主任杨梅和人事处张全星本来就是我们的好朋友,吃住冷暖什么都要过问。突发疾病时,全星会开车陪同上医院。有好吃的总要惦记送一些给我们,在植物所大家庭的呵护下,我和老伴儿始终没有感染新冠,最大限度地利用了时间。令人悲痛的是,在新冠疫情期间,我的老同事、良师益友李恒被感染了,2023年初,经医院多方抢救无效,不幸离开了我们。想到前不久还和她的众多学生一道为她祝贺94岁大寿,怎么也未料到她竟这样溘然而去了。我们相处半个多世纪,知根知底,直来直去,越老越知己。

就在她去世前不久的一天傍晚,我在去植物园的路上遇见她,她问我去哪儿,我说去找漾濞槭(一种极小种群珍稀植物),她说:"你找得着吗?"我回答没问题,随后就匆匆分手了。夜里近10点钟,忽然有人敲门,竟然是李恒。她在保姆的伴同下,手执一枝结了果的漾濞槭标本。我大

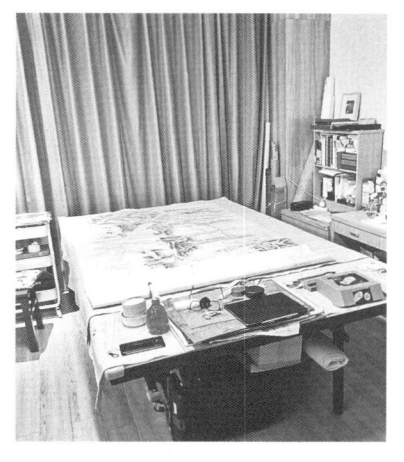

[上][中]在植物所的"家"
[下]植物所的工作室

吃一惊，责问她："你有毛病啊，大黑天你采什么标本，摔着怎么办？"她得意地说："我怕你找不着。"漾濞槭的植株生长在元宝山顶上的一片密林中，晚上没有路灯，她是让保姆搀扶着，打着电筒找到的，太让我过意不去了。94岁老人秉性不改，真要摔着，我怎么担当得起，感激之余又很后怕。

李恒是中国植物学界的一位传奇人物。她半道出家学习植物学，靠勤奋执着成为大家佩服的植物学家。我们经历过"文革"风波的考验，成了互相信赖的好友。她太执着了，本应活到100岁，就此撒手人寰，怎能让人不伤心。

还有一件怪事，我从小到老生活过的地方总有一个"龙"字。我生于盘龙江畔，住在盘龙江边，小时候每天沿江步行到双龙桥附近的恩光小学上学，后来又住在与盘龙江相连的盘龙路16号。中学毕业就职于黑龙潭昆明植物研究所，植物所的前身云南农林植物研究所的所址就在黑龙宫内。黑龙潭公园与我所植物园东园就一墙之隔。我从参加工作到如今，无数次沿着龙泉路途经白龙潭、蓝龙潭而流连忘返。初到北京住在岳父母家，地址是南池子飞龙桥，退休后，住在儿子家十余年，又是回龙观龙城花园。叶落归根终有时，三年前我又回到了培养教育我的这块土地。

命中注定我是一个单调的人，凡事从一而终，无二之选：一个老伴儿，一个儿子，一个孙子。一个小学，一个中学，一个工作单位，一个职业，一条路走到黑。正如陶行知先生说的："人生天地间，各自有禀赋，为一大事来，做一大事去。"生物绘画就是我最大的事，一生一事，竭尽全力，无怨无悔。我原本就是芸芸众生中的普通一员，命运使然为植物志画插图，长年累月流连于腊叶标本和草木之间，不求闻达，但求尽职。退休以后，意犹未了，积习难改，我行我素，只顾埋头于自得其乐的事情之中。

桑榆之年，我本想平静地享受最后一搏的淡定和从容，哪知黄昏中的晚霞变幻莫测，余晖照亮了老树桩。我稀里糊涂地被"上网"了，孤独惯了的人成了"网红"老头。我清醒地告诫自己，别把自己当回事，只能把自己的工作当回事。人贵有自知之明，要永远怀揣平常心。你是谁不重要，重要的是你是否虚度了光阴。

金秋将过，寒风中落叶飘零，一缕凉意掠过心头。叶面上斑斑点点，已经枯萎，却从暗绿变成金红，在阳光闪烁下格外引人注目。它静静地躺在地上，终究会失去光彩，永远被遗忘。可曾有人想过，正是这些不起眼的叶片，承载着不能被取代的使命，它们的叶绿体吸收太阳能，把二氧化碳和水合成有机物，同时释放氧气，供养着地球上所有的生命，包括我们人类。然而，它们又是那样的淡然和谦卑，春天从芽苞里萌发，一点一点地伸展开来，无声无息地劳作，直到精疲力尽，飘落而下，化作土壤中的无机物，为来年的新芽提供养分。它们不邀功，不争宠，一代一代轮回，不知不觉小苗已经长成大树。它们是世间最司空见惯的平凡物，却蕴含着生命的真谛。

当我们随手拾起一片枯叶，细细端详，你会发现它很美，是灿烂之极归于平淡之美，是阳光雨露、寒来暑往之后的坦然自若之美。但愿人能随秋叶静静地来，悄悄地走。和其光，同其尘，与时舒卷。待到秋色斑斓后，化作一缕清风。

秋叶　2022 年
纸本　丙烯颜料

曾孝濂年表

总角之年　　　　　　　　　弱冠之年

- **1939 年**

    6月2日，出生于云南昆明。

- **1946 年　7 岁**

    就读于昆明恩光小学。

- **1952 年　13 岁**

    小学毕业。

    9月，升入昆明市第一中学。初中、高中皆就读于该校。

- **1958 年　19 岁**

    中学毕业。

    9月，进入中国科学院植物研究所昆明工作站工作。

- **1959 年　20 岁**

    4月，中国科学院昆明植物研究所正式成立。

    7月，受派到云南省新闻摄影训练班学习一个月。

    11月，调入昆明植物所植物分类研究室绘图组工作。

- **1961 年　22 岁**

    正式开始《中国植物志》唇形科绘图工作。

- **1962 年　23 岁**

    6—8月，受派遣到华南植物研究所学习。

- **1964 年　25 岁**

    赴河口县及西双版纳热带植物园短期考察。

而立之年

不惑之年

- **1967—1972 年**

  参与"523"任务，参加《疟疾防治中草药选》《热区野菜图谱》和《热区骡马代用饲料图谱》彩图绘制工作。

- **1968 年　29 岁**

  3 月，与张赞英结婚。

- **1969 年　30 岁**

  独子曾硕出生。

- **1975 年　36 岁**

  4 月，参加由《中国植物志》编委会在广西桂林举办的《中国植物志》绘图工作会议。

- **1979 年　40 岁**

  11 月，"云南山茶花"组图 8 幅和《林海行》插图 6 幅入选由中国科学技术普及创作协会与中国美术家协会联合举办的"全国科普美术作品展览"（北京，中国美术馆），分获二等奖和三等奖。

- **1980 年　41 岁**

  10 月，14 幅作品参加由中国植物学会、中国植物志编委会、北京植物学会和北京自然博物馆联合主办的第一届中国植物科学画画展（北京，北京自然博物馆），《香菇》（水粉画）获"最佳作品"奖，《刺果番荔枝》获"优秀作品"奖。

- **1981年　42岁**

8月,《金花茶》等6幅作品应第十三届国际植物学大会邀请在澳大利亚悉尼展出,次年上述作品被送往美国密苏里植物园展出。

加入中国植物学会。

- **1982年　43岁**

1982—1984年,任中国和日本合作出版的《原色中国本草图鉴》编委,并绘彩图100余幅。

9月,与李锡畴、肖溶合作的《林中花果》组画参加在昆明举行的由中国林学会、林业部宣传局、云南省科协等多家单位联合主办的"全国林业科普展览",获二等奖。

- **1983年　44岁**

3月至次年2月在北京师范学院(现首都师范大学)美术系业务进修一年。

11月,由中国植物学会、云南省植物学会联合举办的中国植物科学画学术交流会在昆明举行。

11月,受聘担任中国植物学会(植物)科学画专业委员会副主任(1983—1988年),兼任云南植物学会植物科学画专业委员会主任(1984—1993年)。

- **1986年　47岁**

6月,参加中国科学技术协会第三次全国代表大会。

- **1987年　48岁**

1月,由中国植物学会、广东省植物学会联合举办的植物科学画技术学术交流会在华南植物园举办,作品《云南山茶花》(油画)组画参展。

5月,作品《云南花卉八种》(水粉画)组画入选由农牧渔业部、林业部、中国美术家协会等单位联合举办的"全国农村科技致富科普美术展览"(北京,中国美术馆),获"佳作奖"。次年1月,该组作品经农牧渔业部宣传司和中国科普作协共同推荐,送加拿大皇家冬季

知天命之年

交易会"第二十九届农牧渔业招贴画比赛"(多伦多市)参加展赛。

- **1988 年 49 岁**

    12 月,受聘担任中国植物学会植物科学画专业委员会主任,任期 5 年。

- **1989 年 50 岁**

    加入中国科普作家协会。

- **1990 年 51 岁**

    2 月,作品《云南山茶花》组画(水粉画)和《山茶花》(中国画)入选由中国科普作家协会、中国美术家协会、中国摄影家协会联合主办的"'美哉中华·爱我中华'全国科普美术摄影展览"(北京,中国革命军事博物馆),均获一等奖。

    6 月,被中国科普作家协会表彰为"建国以来成绩突出的科普美术家"。

    8 月,应邀为邮电部设计《杜鹃花》特种邮票。为美国万国首日封公司设计《杜鹃花》首日封(9 种)和邮卡,为日本邮趣协会设计《杜鹃花》邮折,均于 1991 年发行。

    9 月至次年 6 月,担任《内蒙古珍稀濒危植物图谱》(赵一之主编)编委,前往内蒙古西部地区考察,并画彩图 75 幅。

    10 月,参与绘图的《云南杜鹃花》荣获云南省 1990 年度科学技术进步奖三等奖

    11 月,参加筹备并主持由中国植物学会主办的全国植物科学画学术交流会暨第三届中国植物科学画展(北京,北京自然博物馆),作品《地涌金莲》(水粉画)获优秀奖。

1991年　52岁

3月，为邮电部设计《杉树》邮票。

6月，《杜鹃花》特种邮票发行。

11月，参与绘图的《云南山茶花》（冯国楣主编）荣获1991年度云南省科学技术进步奖三等奖。

1992年　53岁

2—3月，作品《春江水暖》（中国画）入选第三届中国艺术节云南美术作品展览（北京，中国美术馆）。

5月，《杜鹃花》特种邮票在第十二届全国最佳邮票评选中荣获1991年度"最佳邮票奖"。

5月至次年3月，应胡秀英博士之邀前往香港中文大学，参与《香港植物志》绘图工作。

9月底至10月初，受邀在香港中文大学邵逸夫堂举办"科学与艺术的结合——曾孝濂绘画作品展"，展出作品70余幅。

1993年　54岁

5月，《杉树》特种邮票在第十三届全国最佳邮票评选中荣获1992年度"最佳邮票奖"和"专家奖"。

1994年　55岁

国画《沐浴》入选第八届全国美术作品展览（北京，中国美术馆）。

1995年　56岁

设计《苏铁》特种邮票。

5月，被中国科学院昆明植物研究所专业技术职务任职资格评审委员会授予研究员级高级工程师职务任职资格。

6月，《杉树》邮票首日封获1992—1994年全国最佳首日封奖。

6月，为中国科学院昆明植物研究所天南星科国际会议完成相关设计，并主持举办"天南星植物摄影绘画展览"。

- **1996年　57岁**

　　2月，为中国科学院西双版纳热带植物园蔡希陶纪念馆创作中国画《根深叶茂》。

　　5月，《苏铁》特种邮票发行。

　　6月，为次年中国—瑞典联合发行的《珍禽》特种邮票设计白腹锦鸡邮票。

　　7月，完成中国科学院昆明植物研究所、云南省科委联合主办的"东亚植物区系及生物多样性"国际学术会议相关设计。

　　8月，作品《木棉》（钢笔画）等应邀赴日本国立科学博物馆展出。

- **1997年　58岁**

　　完成《云南百鸟图》创作，3月与日方达成印制画册协议，携原作赴日本完成印制前期工作，5月在日本出版发行。

　　5月，中国—瑞典联合发行的《珍禽》特种邮票正式发行。

　　为中国科学院昆明植物研究所标本室设计标识图案及纪念衫图案。

　　11月，因病提前退休。

　　12月，应邀赴香港中文大学访学，在该校邵逸夫堂举办"曾孝濂绘画作品展"，同时举办多场交流活动。

- **1998年　59岁**

　　年初为中国科学院昆明植物研究所设计所徽图案，年底在昆明植物研究所建所60周年纪念活动中新所徽被正式启用。

　　4月，由中国科普作家协会、云南省科学技术协会主办的个人作品展"百鸟图——曾孝濂科学美术作品展"在北京中国美术馆举行，作品《雉鸡》被该馆收藏。

　　5月，获中国科学院植物志编辑委员会颁发的"中国植物志成果奖"。

　　12月，《中国云南百鸟图》由云南人民出版社出版。

耳顺之年

1999年 60岁

1—4月，为昆明世界园艺博览会设计五大场馆门票与"十大名花"门票。

4月，画集《花之韵》、明信片集《鸟语》《花香》由人民美术出版社出版。

5月，《曾孝濂花鸟小品》明信片集由荣宝斋出版社出版。

12月至次年1月中旬，作品《绿孔雀》等6幅参加"台北国际生态艺术画展"。

2000年 61岁

为国家邮政局设计《君子兰》特种邮票。

2001年 62岁

1月，《工笔花鸟画法》《曾孝濂作品选》由天津杨柳青画社出版。

5月，《君子兰》特种邮票在第二十一届全国最佳邮票评选中荣获2000年度"最佳邮票奖"。

6月，和许彦博、杨建昆分别合作设计《绿绒蒿》《百合花》特种邮票。

2002年 63岁

12月，《中国·云南百花图》出版发行。

2003年 64岁

《百合花》特种邮票发行。

2004年 65岁

1月，作品《圣贤孔子鸟》入选中国科普作家协会科学美术专业委员会、中国美术家协会漫画艺术委员会等单位联合举办的"全国科学漫画、连环画、插画大展"并荣获金奖（北京，中国科技馆）。

5月，《百合花》特种邮票在

第二十四届全国最佳邮票评选中荣获"优秀邮票奖"。

9月,《绿绒蒿》特种邮票发行。

9月,参与绘图工作的《中国植物志》全部出版。

10月,作品《未被开发的角落》(年画)荣获由云南省文化厅、云南省文联联合主办的"庆祝中华人民共和国建国五十五周年云南省美术作品展览"三等奖。

古稀之年

- **2005年　66岁**

    12月,加入中国美术家协会。

- **2006年　67岁**

    3月,《孑遗植物》特种邮票发行。

    6月,《杜鹃花》《珙桐》等10幅作品参加由文化部中外文化交流中心、中国收藏家协会、中华全国集邮联合会等单位联合主办的"中国邮票设计艺术展"(北京,北京邮政枢纽中心)。

    7月底至8月初,《疣柄魔芋》等10幅作品参加泰国清迈诗丽吉王后植物园"热带植物科学画展"。

- **2008年　69岁**

    2月,《中国鸟》特种邮票发行。

    作品《水晶兰》(水彩画)参加在美国纽约州首府奥尔巴尼举行的"关注自然"博物画展(美国纽约,纽约州立博物馆)。

- **2009年　70岁**

    应邀为云南省人民政府会议中心海埂会堂创作大幅国画《瑞雪丰年鹤自来》。

    3月,作品《绿野天涯》参加由文化部中外文化交流中心主办的"中国画名家手卷作品展"

（北京，中国美术馆），并收录入同名画册（2009年4月，中国文联出版社出版）。

11月，《雪霁》《幽谷翠羽》等7幅中国画作品入选文化部中外文化交流中心主办的"神州风韵：首届华人书画艺术年展"（北京，中华世纪坛世界艺术馆）。

2010年 71岁

8月，作品《蓝孔雀》（中国画）参加印度共和国驻中华人民共和国大使馆主办的"纪念中印建交六十周年绘画艺术展"（北京，歌华美术馆）。

9月，《中国鸟》邮票荣获在巴西里约热内卢举行的第十三届政府间邮票印制者大会评选的"最佳连票奖"。

2011年 72岁

1月，作品《森林之歌》（中国画）参加文化部中外文化交流中心主办、文化部国韵文华书画院承办的"中国书画名家四条屏作品展"（北京，中国美术馆）。

7月，作品《晨》（中国画）参加"艺术之巅——国韵文华书画院首届年度展"（北京，皇城艺术馆）。

2012年 73岁

1月，作品《鲁迅先生像》《祥林嫂》参加（中国画）"纪念鲁迅——鲁迅诞辰130周年书画作品展"（北京，北京鲁迅博物馆），两幅作品均被该馆收藏。

2014年 75岁

作品《桃儿七》（丙烯水彩画）参加在美国举行的"国际植物艺术画展"（匹兹堡，卡内基梅隆大学）。

8月，由《中国国家地理》杂志社主办的首届"中国国家地理自然影像大赛"颁奖典礼举行，受邀担任此次大赛手绘作品单元评委。

2015年 76岁

4月，在中国科学院昆明植物

研究所为本所人员举办的绘画培训班上进行为期5天的授课。

- **2016年　77岁**

3月，云南美术出版社出版发行《曾孝濂彩墨画集》。

8月，受中国科学院深圳市仙湖植物园之邀担任第十九届国际植物学大会植物艺术画展评委会主席，参与画展组织与筹备工作，并开始着手为此次大会创作《木棉》等10幅新作品（丙烯画）。

- **2017年　78岁**

2月，在北京博物绘画发展中心举行的曾孝濂博物画研修班，为年轻人授课。

5月，读库出品的《云南花鸟》由新星出版社出版发行。

7月，作品《木棉》等10幅丙烯画、《华山松》等4幅钢笔画参加第十九届国际植物学大会植物艺术画展（深圳，大中华国际交易广场），9幅作品收录于《芳华修远：第十九届国际植物学大会植物艺术画展画集》（2017年8月，江苏凤凰科学技术出版社出版）。

9月，读库出品的原寸活页画《花叶》由新星出版社出版发行，收录为第十九届国际植物学大会创作的《木棉》等10幅植物画新作（丙烯画）。

9月，118幅作品被浙江自然博物馆收藏。

11月，作品《金色胡杨》《山林溪流》（中国画）参加由中国国家画院（国展）美术中心主办的"心纳万境·首届国展美术名家邀请展"[北京，中国国家画院（国展）美术中心]，两幅作品均被收藏。

- **2018年　79岁**

1月，《云南花鸟》在"2017书香昆明·好书评选系列活动"中被评为"年度云南十大好书"。

3—8月，受邀为北京世界园艺博览会创作大型博物画《影响世界的中国植物》（丙烯画）。

5月，《朗读者》第二季第三

期在中央电视台综合频道播出，受邀担任本期节目嘉宾。

7—12月，中国科学院昆明植物研究所主办"曾孝濂科学艺术画公益展"（昆明，昆明植物园），展出130幅自然绘画作品。

11月，30幅原作参加浙江自然博物馆主办的"手绘自然 心绘万物——馆藏绘画精品展暨LIAN博物绘画特展"（杭州，浙江自然博物馆）。

11月，"曾孝濂植物艺术画展"在香港中文大学崇基学院举办，受邀赴港参加画展并参加学术讲座与交流活动。

12月，作品《家园·松鼠》参加中国美术家协会主办的"庆祝改革开放四十周年——第三届全国新钢笔画学术展"，受邀担任复审评委（上海，宝山国际民间艺术博览馆）。

- **2019年 80岁**

3月，受邀赴西双版纳热带植物园举行写生培训班。

耄耋之年

4—10月，大型博物画《影响世界的中国植物》以放大复制画形式在"2019中国北京世界园艺博览会"中国馆展出。

7月，参加于北京世园会植物馆举行的大型自然纪录片《影响世界的中国植物》发布会，朗读个人创作的散文诗《银杏礼赞》。

7月，作品《雨林小景》（中国画）受邀参加国家民族画院、中国民族艺术馆主办的"画者文脉——全国书画名家邀请展"（北京，中国民族艺术馆）。

9—11月，个展"花花世界：曾孝濂植物艺术展"在昆明当代美术馆举行，纪录片《影响世界的中国植物》导演李成才任策展人。

2020年　81岁

1—3月，"曾孝濂生态水墨画展"在北京798艺术区合空间举办。

3月，15幅作品受邀参加由博物绘画发展中心主办的"LIAN博物绘画全国巡展活动"之"LIAN·影响世界的中国植物博物画展"（杭州，杭州植物园）。

6月，由读库与中欧国际工商学院北京校区凹凸空间联合策划的"笔下生息——曾孝濂自然科学画展"在北京举行（北京，凹凸空间），并举行了"云导赏"分享活动。

2021年　82岁

3月，应国家邮政局邀请设计《国家重点保护野生动物（Ⅰ级）（三）》特种邮票，并于12月正式发行。

3—4月，作品受邀参加由博物绘画发展中心策划的"LIAN·中国特有植物展"（西安周至，秦岭国家植物园标本馆）。

4月，《云南花鸟》在第九届书香昆明"学经典　诵经典"全民阅读红色经典系列活动中荣获"生物多样性推荐好书"。

9月，应邀担任《中国国家地理》杂志主办的"2021中国野生生物影像年赛"绘画单元评审。

9月至次年1月，"一花·一鸟·一世界"曾孝濂新作展在昆明当代美术馆举办。

2022年　83岁

4月，画集《极命草木：曾孝濂和他的博物画》由云南美术出版社出版。

3—5月，由昆明当代美术馆、上海摄影艺术中心联合主办的"画与相"曾孝濂博物画展在上海摄影艺术中心举行。

8—11月，由昆明曾孝濂美术馆主办的"原本自然"生物博物画邀请展举行，展出29位国内优秀博物画家的58幅生物博物画作品（昆明，曾孝濂美术馆）。

9月，应邀参加由博物绘画发展中心、国家植物园联合主办的"LIAN植物绘画艺术金秋特展——

中国特有植物艺术绘画展"（北京，国家植物园）。

11月，应国家邮政局邀请设计的《鸽》特种邮票正式发行。

12月，联合国《生物多样性公约》缔约方大会第十五次会议（COP15）第二阶段会议在加拿大蒙特利尔举办，云南展区展出了中国邮政集团有限公司昆明市分公司主编的《开天图画——曾孝濂先生作品选 邮票珍藏》。

● **2023年 84岁**

4月，作品《中国无忧花》（丙烯画）和《望天树》（中国画）受邀参加由中国科学院西双版纳热带植物园主办的"艺术邂逅科学·首届博物画展"（勐仑，西双版纳热带植物园）。

8月，应孙航院士邀请为中国科学院昆明植物研究所主办的"泛第三极地区植物多样性保护研究国际前沿学术研讨会"创作《塔黄》（丙烯画）。

9月，应邀担任《中国国家地理》杂志主办的"2023中国野生生物影像年赛"绘画单元评审。

12月，应邀为中国科学院昆明植物所和农业科学研究院热带亚热带经济作物研究所联合举办的"魏山论坛"创作《香水柠檬》（丙烯画）。

● **2024年 85岁**

1月，作品被人民教育出版社《义务教育教科书 科学》收录为教材插图，分别是《东方大苇莺》（四年级上册）、《绿孔雀》《珙桐》《黄胸织雀》（四年级下册）、《白鹭》（六年级下册）。

4月，成都世界园艺博览会主展馆公益性"曾孝濂博物画馆"开展，共展出近60幅作品，其中包括专门为此次博览会创作的《珙桐》《芙蓉花》《银杏》3幅丙烯画新作。

4月，上海植物园建园50周年特展上，30余幅作品以"曾孝濂笔下的华东植物"为子主题在该园展出。

致谢

感谢中国科学院昆明植物研究所提供多幅历史资料照片，感谢冯宝钧先生提供其父冯国楣先生的照片与著作资料。感谢昆明植物所杨祝良研究员、王立松研究员、牛洋研究员慷慨提供他们精湛的画作，他们传承了老一辈科学家的优良传统。感谢王凌协助提供《柯蒂斯植物学杂志》插图信息，并与杨建昆、沙雯等一起提供新作。特别感谢我的年轻同事张全星的策划动议、大力帮助与写作建议。

感谢云南致辰文化发展有限责任公司和宏明董事长的支持与帮助，感谢该公司多位年轻人的前期采访记录与资料搜集、整理工作。特别感谢小伙伴邢智慧（可可）的全程协助，她承担了大量烦琐而细致的工作。

感谢中国科学院古脊椎动物与古人类研究所研究员、中国古动物馆馆长王原博士对本书古生物绘图部分内容的审校与指导。感谢吴飞翔研究员慷慨提供画作，他是科学拥抱艺术的又一典范。

感谢刘香成先生授权使用他为我拍摄的照片。感谢曾孝濂美术馆、张寿洲先生、翁哲先生帮助提供照片资料。感谢张林海先生帮助核实相关文献。感谢杨运洋先生的热忱帮助。感谢博物画画家徐洋为我绘制的小像，这是一份美好的礼物。感谢刘纲老师为本书提供了精心制作的《影响世界的中国植物》高清扫描图二维码，为本书增添了光彩。

感谢江苏凤凰科学技术出版社傅梅社长的诚恳动议，郁宝平原总编辑（现业务首席）、刘屹立编审、郝慧华副编审对书稿的精严审读，王宗副总编辑对版式装帧设计的精心指导，陆洋副主任的大力协助。感谢吴杨主任悉心安排各出版环节，并与王艳编辑加班加点，保障本书的编校质量与出版进度。感谢赵金鑫、汤碧莲两位年轻编辑的协助，他们充满活力而又踏实认真。感谢美术编辑蒋佳佳煞费苦心的创意装帧设计。特别感谢周远政编辑的策划与辛劳，每当我困惑的时候，是她用一丝不苟的严谨鞭策我继续努力。

还必须感谢年逾古稀的表妹李春华为我核实外公、外婆和舅舅的简历。我最小的弟弟曾孝模帮助我核实儿时的记忆——特别是我住校和工作以后家里发生的变故，为我提供了我从未见过的1984年昆明市中级人民法院关于我父亲原案的复审判决书，让我对父亲的历史问题有了明确的认知。

最后，感谢我的老伴儿和儿媳贺亦军在本书的写作过程中给予我的帮助。赞英帮我看稿子，修正错漏，共同回忆不该遗忘的往事。

没有众人的支持，我绝对无能为力。诚挚感谢在这段难忘的历程中所有鼓励和帮助我的人。

2024年7月

图书在版编目(CIP)数据

自然而然：曾孝濂自传 / 曾孝濂著. -- 南京：江苏凤凰科学技术出版社，2024.7（2025.5重印）.
ISBN 978-7-5713-4519-8
Ⅰ. K825.72
中国国家版本馆CIP数据核字第2024PA3543号

自然而然　曾孝濂自传

著　　　者	曾孝濂
总　策　划	傅　梅
项目管理	郁宝平　王　崟　陆　洋
项目策划	周远政　张全星（特邀）
责任编辑	周远政　吴　杨　王　艳
特约编辑	邢智慧
助理编辑	赵金鑫　汤碧莲
责任设计	蒋佳佳
责任校对	金　磊
责任监制	刘　钧

出版发行	江苏凤凰科学技术出版社
出版社地址	南京市湖南路1号A楼，邮编：210009
照　　排	江苏凤凰制版有限公司
印　　刷	南京新洲印刷有限公司

开　　本	787 mm × 1092 mm　1/16
印　　张	24.5
插　　页	4
字　　数	282 000
版　　次	2024年7月第1版
印　　次	2025年5月第3次印刷
标准书号	ISBN 978-7-5713-4519-8
定　　价	139.00元（精）

未经许可，不得以任何方式复制或抄袭本书之部分或全部内容。
版权所有，侵权必究。
图书如有印装质量问题，可随时与我社印务部联系调换。